Dschibuti entdecken

Reiseführer
Zum Horn von Afrika

Über die Autorin:
Beatrice Sonntag ist eine deutsche Reisebuchautorin, Bloggerin und Weltreisende, die schon weit mehr als die Hälfte aller Staaten dieser Erde besucht hat. Sie hat seit 2011 sechs Bücher mit Reiseerzählungen veröffentlicht, sowie Reiseführer über Bhutan, Burkina Faso, Mosambik, Weißrussland, Ghana, die Elfenbeinküste, Nicaragua, Turkmenistan, Tadschikistan und Aserbaidschan. Nun erscheint der Reiseführer über Dschibuti, ein weiteres Land, zu dem es nur wenig Literatur in deutscher Sprache gibt.

Typische Nomadensiedlung der Afar

Wohnhaus außerhalb von Tadjoura

Beatrice Sonntag

Dschibuti entdecken

Reiseführer
Zum Horn von Afrika

Bebauung in Tadjoura

ISBN: 9783750412965
© 2019: Beatrice Sonntag
Bilder: Dagmar Schirra
Herstellung und Verlag: BoD – Books on Demand
Norderstedt

Inhaltsverzeichnis

Einleitung

Dschibuti ist eines der kleinsten Länder in Afrika, aber wahrscheinlich auch eines der schönsten. Es hat besonders ungewöhnliche Landschaften, wie man Vergleichbares kaum anderswo findet. Vulkanische Formationen, **Salzseen, Depressionen**, Basaltplateaus und eindrucksvolle Canyons machen Dschibuti zu einem wunderbaren Ziel für Naturliebhaber. Dschibuti Stadt ist eine sich schnell entwickelnde vom Hafen und dessen Treiben geprägte Hauptstadt voller Leben. Sie ist das wirtschaftliche und soziale Zentrum des Landes und von hier starten auch die meisten Reisenden ihre Entdeckungstouren.

Dschibuti ist generell kein Ziel, das sich für Backpackertouristen und Reisende auf eigene Faust besonders gut eignet. Das liegt vor allem daran, dass es **touristische Infrastruktur** nur in einem sehr begrenzten Maß gibt und dass der öffentliche Verkehr nur unzureichend ausgebaut und zudem unzuverlässig ist. Die allermeisten Touristen entscheiden sich also für eine organisierte Reise, so dass sie sich vor Ort nicht um Busabfahrtzeiten und die Suche nach einer Unterkunft kümmern müssen. Dies ist generell zu empfehlen. Es macht das Reisen einfacher.

Übersichtskarte

Top 5 in Dschibuti

1) Abbé See

Die spitzen Kalkformationen, Fumarolen und heißen Quellen rund um den Abbé See sind einzigartig auf der Welt. Die ungewöhnliche Landschaft wirkt geradezu extraterrestrisch.

2) Assal See

Der Assal See liegt bis zu 155 Meter unter dem Meeresspiegel. Die Landschaft rund um den Salzsee ist von Vulkanen geprägt.

3) Goda Berge

Urige felsige Landschaften mit Bergtälern und abgelegenen Dörfern

4) Dschibuti Stadt

Quirlige Hauptstadt mit internationalen Bewohnern, arabischem Einschlag und afrikanischem Flair

5) Abourma Petroglyphen

Felszeichnungen aus längst vergangenen Jahrtausenden

Kalksteinformationen am Abbésee

Geografie

Dschibuti ist 23.200 Quadratkilometer groß und liegt am Horn von Afrika, südlich von Eritrea, östlich von Äthiopien und nördlich von Somalia an der Bucht von Tadjoura. Die Wüste, die diese Bucht hufeisenförmig umschließt, ist sehr trocken. Der **Golf von Tadjoura** ist Teil des Roten Meeres. An zahlreichen Korallenriffen lässt sich erkennen, dass Djibouti einst unterhalb des Meeresspiegels gelegen war.

Das gesamte Land ist stark **vulkanisch geprägt**, ebenso wie die Bereiche in den Gewässern vor der Küste, wo es eine ganze Reihe Unterwasservulkane gibt. Diese Bereiche sind wie auch andere Gegenden im Roten Meer ein beliebtes Tauchgebiet. Auch an Land gibt es Vulkane und vulkanische Formationen. Viele von ihnen sind noch sehr jung. Der **Vulkan Ardoukoba** zum Beispiel entstand erst 1978, ist also erdgeschichtlich betrachtet noch ein Säugling und der jüngste Vulkan auf der Welt.

Zu den verschiedenen auch touristisch interessanten Gebieten gehört das **Senkungsfeld** der **Afar-Tiefebene**, die sich außerdem auf die Staatsgebiete von Eritrea und Äthiopien erstreckt. Die Afar-Tiefebene ist ein sehr trockenes Gelände, das teils noch heute weit unterhalb des Meeresspiegels liegt. Der Assalsee befindet sich um Beispiel auf einer Höhe von minus 155 Metern unter Meeresniveau.

Im Norden von Dschibuti in der Grenzregion zu Eritrea liegen die **Danakil-Berge**, die aus kristallinem Gestein und Basalt bestehen. Die Danakil-Berge zählen zu den am spärlichsten besiedelten Gebieten der Erde. Hier liegen auch die höchsten Berge Dschibutis wie unter anderem der Mousa Ali mit 2028 (je nach Quelle auch 2063) Metern im Dreiländereck zwischen Dschibuti, Eritrea und Äthiopien.

Der Süden ist geprägt von gleich mehreren **abflusslosen Senken**, in denen sich seit vielen Jahrzehnten durch Verdunstung Salzpfannen gebildet haben. Hier fließt nur unregelmäßig Wasser aus Wadis nach. Es sind auffällige Formationen aus Gips und Salz entstanden, unter anderem am Assalsee und am **Abbesee**. Letzterer wird gespeist aus dem Gamarisee, in den der Awash aus Äthiopien mündet. Dieses Wasser kommt nie am Meer an, weil es in einer Reihe von Salzbecken verdunstet. Die Gegenden sind weitgehend unbewohnt, weil hier nichts wächst und es kein Süßwasser gibt.

Der **Assalsee** ist eine Besonderheit, weil er den tiefsten Punkt des Kontinents markiert. Touristisch ist diese Region interessant, weil rund um den Salzsee und die dortigen heißen Quellen regelrechte Mondlandschaften entstanden sind. Das Wasser des Sees hat einen Salzgehalt von 35%, was mehr ist als im Toten Meer. Aus dem tiefblauen Wasser ragen bizarre weiße Salzformationen hervor. Es kann hier jedoch bis zu 50°C heiß werden.

Die Küstenregion mit ihrer etwa 370 Kilometer langen Küstenlinie verfügt über wunderschöne Strände und einzigartige **Tauchgebiete**. Streckenweise sind sowohl die Strände als auch die Unterwasserwelt so gut wie unberührt von Menschen. Daher gibt es einen hohen Artenreichtum unter den Korallen, Fischen und anderen Meeresbewohnern.

Bevölkerung und Gesellschaft

In Dschibuti leben etwa 960.000 Menschen. Sie entstammen hauptsächlich zwei Volksgruppen: den **Issa**, welche etwa **60%** der Bevölkerung ausmachen, und den **Afar**, die etwa **35%** stellen. Die Issa leben vornehmlich im Süden, während die Afar im Norden und Westen des Landes anzutreffen sind. Die Issa, die auch in Somalia beheimatet sind, unterteilen sich in verschiedene Untergruppen, von denen zwei in Dschibuti leben. Die meisten Somali in Dschibuti sind Issa, ein kleinerer Anteil ist Gadabuursi. Die Volksgruppe der Afar lebt in Äthiopien, Eritrea und Dschibuti. Es gibt seit vielen Jahrzehnten immer wieder Spannungen zwischen den einzelnen Volksgruppen. Seit der Unabhängigkeit des Landes halten die Issa politisch gesehen die Zügel in den Händen, weshalb

12

sich die Afar teilweise übergangen fühlen. Mittlerweile gibt es ein Abkommen, demnach der Premierminister von jeweils der Volksgruppe gestellt wird, die gerade nicht den Präsidenten stellt. Dies hat ein gewisses Gleichgewicht geschaffen.

Die restlichen fünf Prozent der Bevölkerung besteht aus Europäern, hauptsächlich aus Franzosen sowie Arabern, die meist aus dem Jemen kommen. Es gibt ebenfalls einige Zehntausend Somalier, Eritreer und Äthiopier, die in Dschibuti wohnen. Vielen dieser Somalier wurde aufgrund des Bürgerkrieges in Somalia Asyl gewährt. Auch die Einwanderer aus Eritrea und Äthiopien sind größtenteils Flüchtlinge, die vor Menschenrechtsverletzungen oder aus wirtschaftlicher Not heraus ihr Land verlassen haben. In Ali Adde befindet sich eines von mehreren großen Flüchtlingslagern.

Einst war Dschibuti ein Land, das hauptsächlich von **Nomaden** bewohnt wurde. Erst seit der Kolonialzeit hat eine starke und schnelle Verstädterung eingesetzt. Im Jahr 2016 haben 77% der Bevölkerung Dschibutis in Städten gewohnt. Die größte Stadt ist **Dschibuti Stadt** mit 600.000 Einwohnern. Weitere Städte sind Ali Sabieh mit 50.000, Dikhil mit 20.000, Tadjoura mit 30.000, Obock mit 45.000 und Arta mit 11.000 Einwohnern. Alle diese Städte haben ihre **Bevölkerung** zwischen 1980 und 2016 mindestens **verdoppelt**, teilweise sogar vervierfacht.

Betrachtet man die Regionen außerhalb der Hauptstadt, in denen nur etwa 35% der Bevölkerung leben, so liegt der Anteil von Stadtbewohnern unter 50%. Hier, außerhalb von Dschibuti Stadt, sind noch etwa die Hälfte der Menschen Nomaden.

Das Bevölkerungswachstum insgesamt liegt bei 2,2%. Im Durchschnitt bekommt jede Frau in Dschibuti 2,35 Kinder.

Die überwiegende Mehrheit der Bewohner Dschibutis sind **Sunniten**, sowohl die Afar als auch die Issa. Nur etwa 6% der Menschen gehören den kleinen Minderheiten von äthiopisch orthodoxen Christen und anderen Christen an. Es gibt in Dschibuti Stadt ein kleines katholisches Bistum.

Die soziale und wirtschaftliche Situation Dschibutis ist vergleichsweise schlecht. Auf der Liste des Index der Entwicklung war Dschibuti 2013 auf Platz 170. Es handelt sich um ein unterentwickeltes Land mit einer **Arbeitslosenquote** von um die 40%. Gemeinsam mit der anhaltenden Landflucht führt dies dazu, dass in den Städten, vor allem in Dschibuti Stadt die Hälfte der Bevölkerung in Slums lebt. Es kommt selten vor, dass Menschen an Unterernährung sterben, aber gerade in diesen Armenvierteln hat fast niemand ausreichend zu essen. Etwa ein Drittel der unter Fünfjährigen ist stark unterernährt.

Auch die Lage der Menschen, die Arbeit haben, ist nicht gut. Ein einfacher Arbeiter verdient 500 dschibutische Francs pro Tag. Das entspricht gerade mal 2,50 Euro. Ein Brot kostet 20 Francs und ist damit erschwinglich. Obst und Gemüse sind jedoch ziemlich teuer, weil wegen der extremen Trockenheit fast alles importiert werden muss.

Das **Bildungssystem** in Dschibuti ähnelt dem der einstigen Kolonialmacht Frankreich. In den 90er Jahren hat die Regierung eine in Teilen erfolgreiche Kampagne zur Erhöhung der Schülerzahlen durchgeführt. Dennoch gibt es noch einen hohen Verbesserungsbedarf. Eine offizielle Schulpflicht gibt es nicht. Es gab im Jahr 2007 nur 81 öffentliche Grundschulen, 24 private Grundschulen, 2 Berufsschulen und 12 weiterführende Schulen. Für eine Bevölkerung von fast einer Million Menschen ist das viel zu wenig. Ein Drittel der Menschen sind Analphabeten. Bei den Frauen sind es sogar 42%. Die Tatsache, dass in den meisten Schulen entweder in **Französisch oder Arabisch** unterrichtet wird, macht den Start für Schulkinder noch schwieriger, denn die meisten von ihnen sprechen entweder Issa oder Afar. Ohne weitere Investitionen in den Bildungssektor wird Dschibuti die Herausforderungen eines Entwicklungslandes nicht meistern können.

Das **Gesundheitswesen** in Dschibuti ist ebenfalls unterentwickelt. Nur 8,4% der Staatsausgaben gingen 2015 in diese Branche. Die Lebenserwartung der Menschen betrug 2015 61,6 Jahre; 63,2 für Frauen und 61,6 für Männer. Die Kindersterblichkeitsrate konnte zwischen 1976 und 2016 von 17

auf 6,4% gesenkt werden. Die Rate der HIV-Infi-
zierungen ist mit 1,5% jedoch verglichen mit anderen afrikanischen Ländern sehr gering.

Zu den sozialen und wirtschaftlichen Schwierigkeiten kommt noch, dass auch die politische Lage
in Dschibuti nicht ideal ist. Die **autokratische Regierung** wird allgemein als stabil eingestuft. Daher haben auch unter anderem die USA, Saudi-
Arabien, China, Frankreich, Japan, Spanien, die
Türkei und Italien Militärbasen in Dschibuti instal-
liert. Im Rahmen der Mission Atalanta im Jahr
2008 zur Bekämpfung von Piraten in der Region
sind auch deutsche Soldaten in Dschibuti stationiert.

Die **chinesische Regierung** hat Milliarden im
Land investiert und zum Beispiel 2016 die Bahn-
verbindung zwischen Dschibuti Stadt und Addis
Abeba gebaut.

Geschichte

Vor der Kolonialzeit

Im ersten Jahrhundert wurde Dschibuti mitsamt
des heutigen Eritrea ein Teil des starken äthiopischen Königreichs von Aksum, das damals sogar
einen Teil des heutigen Saudi Arabien und Jemen
auf der anderen Seite des Roten Meeres umfasste.

Zur Zeit des **Königreiches von Aksum**, genauer
gesagt im vierten Jahrhundert, gelangte das Chris-
tentum zum ersten Mal in die Region am Horn von

Afrika. Der **Islam** erschien mit den von Osten kommenden **arabischen Händlern** erstmals im Jahr 825 und hatte in Dschibuti großen Erfolg, während er bis ins heutige Äthiopien nur teilweise vordringen konnte.

Keines der Völker, die heute auf dem Territorium von Dschibuti leben, stammt ursprünglich aus der Region. Es gab fast ausschließlich Nomaden bis im **7. Jahrhundert arabische Eroberer** in Dschibuti sesshaft wurden. Im 13. Jahrhundert kamen Menschen vom Volksstamm der Afar nach Dschibuti und zwar aus dem heutigen Eritrea und Äthiopien. Lange Zeit waren die Araber vorherrschend. Schubweise wanderten nicht nur immer wieder Afar, sondern später auch Somali vom Stamm der Issa in Dschibuti ein.

Im 16. Jahrhundert stand das Gebiet kurzzeitig unter der Herrschaft des Osmanischen Reiches und auch für eine Weile unter portugiesischer Herrschaft, als die Portugiesen ihren Verbündeten in Äthiopien im Kampf gegen Ahmed Gran zu Hilfe kamen. 1839 gründeten die Franzosen einen Stützpunkt auf dem Gebiet von Dschibuti, das damals aus mehreren Sultanen bestand. Während die Franzosen von Amphala aus ihre Herrschaft ausdehnen wollten, nahmen die Briten 1840 die Insel Moucha ein. Frankreich erwarb schließlich die Stadt Tadjoura (manchmal Tadschura), indem sie diese dem König von Shewa 1842 einfach abkaufte. Dieses Manöver ging jedoch schief, denn ein Sultan behauptete, dass Tadjoura dem König von Shewa überhaupt nicht gehörte und dass der Kaufvertrag daher ungültig sei. Ein letztes Mal versuchten die Franzosen 1859 ihre Macht in Dschibuti auf kriegerische Weise auszudehnen, blieben aber erfolglos.

Dschibuti in der Kolonialzeit

Der französische Geschäftsmann Henri Lambert war zwar bei der Kolonialisierung des Landes erfolglos geblieben, hatte aber immerhin gute wirtschaftliche Kontakte zwischen französischen und dschibutischen Unternehmen herstellen können. Darauf aufbauend konnte Frankreich im Jahr 1862 die **Sultane von Tadjoura, Gobaad und Raheita** dazu bewegen, einen sogenannten Freundschaftsvertrag zu unterschreiben. Zur gleichen Zeit wurde in Paris mit einem Abgesandten der drei Sultane ein Vertrag unterzeichnet, der besiegelte, dass die Ortschaft Obock mitsamt ihrer Umgebung für 55.000 Gold-Fancs fortan Frankreich gehören würde. Damit hatte Frankreich, was es wollte, nämlich einen Hafen an der Seeroute von Europa nach Indien. Es konnte so den Briten und deren Hafen in Aden Konkurrenz machen.

Für etwa 20 Jahre blieb die Situation stabil und Frankreich gab sich mit der **Hafenstadt** zufrieden, ohne eine echte Kolonialmacht zu sein. Ende 1883 gab es Versuche der Italiener und Russen, die Region zu erobern. Darauf reagierten die Franzosen, indem sie einerseits Léonce Lagarde zum Kommissar des **Territoire d'Obock** ernannten und andererseits 1884 Tadjoura kauften. Sie nannten ihr neues Reich dann Territoire français d'Obock, Tadjoura, Dankils et Somalis. Die Briten, die etwas südöstlich von den Franzosen ihr Britisch-Somaliland besetzt hielten, erkannten das neue französische Territorium schließlich 1888 an. Die beiden Kolonialmächte legten zwischen ihren besetzten Gebieten eine Grenze fest.

Ebenfalls 1888 gründeten die Franzosen Dschibuti Stadt und bauten dort einen neuen Hafen. Bereits 1892 ersetzte dieser Hafen den von Obock als Haupthafen der Franzosen und als Hauptstadt der Kolonie, die damals als Französische Somaliküste bekannt war. Lagarde wurde zum Gouverneur befördert.

Französische Somaliküste

Von 1896 bis 1967 dauerte die offizielle französische Kolonialzeit in Dschibuti. Der Bau einer **Bahnlinie** zwischen Dschibuti und Addis Abeba 1917 brachte dem **Hafen von Dschibuti** großen **Aufschwung**. Bis auf Dschibuti Stadt gab es aber wegen der extremen Trockenheit keine nennenswerten Siedlungen. Im Juni 1940 erklärte Dschibuti dem Vichy-Regime seine Loyalität, was dazu führte, dass auch in Dschibuti (echte und vermeintliche) Regimegegner verfolgt und streng bestraft wurden. Die Beziehungen zum faschistischen Italien, welches Teile von Äthiopien besetzt hielt, waren gut. Die Briten organisierten von 1940 bis

1942 eine Blockade Dschibutis, was zu einer verheerenden Hungersnot führte.

Nachdem die Befürworter des Vichy-Regimes geflüchtet waren, wechselte die Kolonie Dschibuti über zum Freien Frankreich, woraufhin die Briten die Blockade beendeten. 1946 wurde das Territoire français zu einem **Territoire d'outre-mer** (TOM), also einem der Überseeterritorien, von denen Frankreich noch heute mehrere hat. Dschibuti entsendete also einen Repräsentanten in die französische Nationalversammlung in Paris und führte 1946 das Frauenwahlrecht ein. 1956 wurden politische Parteien erlaubt und offiziell gegründet. Sie konnten in der Wahl für den Territorialrat 1957 antreten. Die zwei Parteien mit dem meisten Einfluss waren die Union Républicaine unter der Führung von Mahamoud Harbi und die Défense des Intérêts Economiques et Sociaux du Térritoire (DIEST) unter der Leitung von Hassan Gouled Aptidon.

Die Union Républicaine gewann die Wahl und erhielt alle Sitze im Rat. Bereits ein Jahr später gab es jedoch Auseinandersetzungen innerhalb der Partei vor allem in Fragen, die die **Unabhängigkeit** des Territoriums betrafen. Also spaltete sich die Partei. Die **Spaltung** ging auch durch die Bevölkerung. Die Afar wollten den bestehenden Status mehrheitlich erhalten, waren die Mehrheit der Issa für ein unabhängiges Land oder für den Anschluss an Somalia war. 1958 gab es ein von Unruhen begleitetes **Referendum**, bei dem sich die

Bevölkerung schließlich gegen die Unabhängigkeit entschied. So verlor der Regierungschef Harbi, welcher ein Verfechter der Unabhängigkeit gewesen war, viele Unterstützer in seiner Partei.

Es folgten Neuwahlen, bei denen die DIEST die Mehrheit im Rat erlangen konnte. Die Union Démocratique des Somalis, wie mittlerweile Harbis Partei hieß, kam auf sieben der 32 Sitze. Daraufhin verließ Harbi das Land.

Die **Spannungen zwischen den Issa und Afar** wurden immer größer. Hassan Gouled Aptiidon war ein Somali gewesen. Alle seine Nachfolger waren allerdings Afar und vertraten einen profranzösischen Kurs. 1959 war Ahmed Dini Ahmed zum Regierungschef ernannt worden. Ihm folgte aber bereits 1960 **Ali Aref Bourhan**. Bis 1966 konnte er die Wogen glätten. Dann jedoch kochten die Feindseligkeiten wieder hoch und er trat zurück, so dass **Abdallah Mohamed Kamil** Regierungschef werden konnte.

Französisches Afar- und Issa-Territorium

Frankreich ließ 1967 erneut über den Status des TOM abstimmen. Erneut sprachen sich 57% für den Status Quo aus. Bei dieser **Abstimmung** waren jedoch viele Somalis nicht zu den Urnen gegangen. Das TOM erhielt einen neuen Namen und hieß fortan Französisches Afar- und Issa-Territorium.

Kamil trat zurück und Bourhan wurde erneut Regierungschef. Er gehörte mittlerweile der Union

Nationale pour l'Indépendence (UNI, Union für die Unabhängigkeit) an. Die UNI erhielt 1968 bei den Wahlen 26 der 32 Sitze im Rat. Die **UNO forderte nun die Entkolonialisierung**, während sich in Somalia eine neue Partei bildete: die Front de Libération de la Côte des Somalis (FLCS) kämpfte vom Nachbarland aus für die **Unabhängigkeit**.

Nicht zuletzt auf Drängen der UNO hin erhielt das Gebiet 1972 von Frankreich **mehr Selbstbestimmungsrechte**. Hassan Gouled Aptidon gründete die Ligue Populaire Africaine pour l'Indépendence (LPAI).

1975 waren sich eigentlich alle einig, dass das Gebiet unabhängig werden würde. Nun kam aber wieder die Frage auf, ob man nicht vielleicht doch an Somalia angegliedert werden sollte. Diese Frage führte 1975 zu **heftigen Auseinandersetzungen** zwischen Afar und Somali, bei denen auch elf Tote zu beklagen waren. Daraufhin verstärkte Frankreich die Bemühungen, den Unabhängigkeitsprozess so schnell wie möglich hinter sich zu bringen. Das TOM war zu einer Bürde geworden. Also wurde eine **neue Verfassung** erarbeitet, die am 19. März 1977 beschlossen wurde. Am 8. Mai 1977 führte die nunmehr dritte Volksabstimmung zu einer **Mehrheit** von 99,75 % **für die Unabhängigkeit**. Hier wiederum muss gesagt werden, dass die Afar diese Abstimmung boykottierten. Trotzdem konnte Dschibuti nun unter diesem neuen Namen am **27. Juni 1977** ein **unabhängiges Land** werden.

Dschibuti als unabhängiges Land

Auch im unabhängigen Land bestanden die Streitigkeiten zwischen Afar und Issa weiterhin. Hassan Gouled Aptidon gründete 1979 eine neue Partei namens RPP (Rassemblement polulaire pour le progrès), welche er 1981 zur **Einheitspartei** machte. Andere Parteien waren fortan nicht mehr erlaubt.

Das erzürnte die Afar, die sich unterrepräsentiert fühlten. Da es nun nicht mehr möglich war, eine Partei zu gründen, entstand die Front pour la Restauration de l'Unité et de la Démocratie (FRUD), die im Grunde eine Rebellenbewegung war. Die FRUD kämpfte von 1991 bis 1994 gegen Regierungstruppen. 1992 wurde unter anderem auch wegen des Bürgerkrieges das **Mehrparteiensystem wieder eingeführt**. Die RPP schaffte es aber, dass die FRUD einen **Friedensvertrag** unterschrieben und sich der RPP sogar mehrheitlich anschlossen. Die RPP konnte also weiter an der Macht bleiben. Auf Hassan Gouled Aptidon folgte 1999 **Ismail Omar Guelleh** ins Präsidentenamt. Er ist Somali. 2005, 2011 und 2016 wurde er wiedergewählt. Es gab allerdings auch keine Gegenkandidaten. 2010 stimmte die Nationalversammlung für eine Verfassungsänderung, um Guelleh eine **weitere Amtszeit** zu ermöglichen.

Heute ist Dschibuti trotz der Grenzstreitigkeiten mit Eritrea und anderer Konflikte mit Somalia und Äthiopien ein politisch **recht stabiles Land**. Der Präsident ist gleichzeitig der Oberbefehlshaber der

Streitkräfte. Premierminister ist Abdoulkader Kamil Mohamed. Die Nationalversammlung mit 65 Mitgliedern hat gesetzgebende Funktionen und wird alle fünf Jahre neu gewählt.

Wirtschaft

Insgesamt ist die Wirtschaft in Dschibuti wenig entwickelt. Ein erheblicher Teil der wirtschaftlichen Aktivität geht auch Jahrzehnte nach der Unabhängigkeit noch von Ausländern aus, die in Dschibuti ansässig sind oder arbeiten. Besondere Rollen spielen der **Hafen von Dschibuti** Stadt, der Flughafen und die Bahnverbindung nach Addis Abeba in Äthiopien, die erst 2017 durch eine neue **moderne Bahnverbindung** ersetzt wurde.

Die Geschichte hat die Situation nicht eben begünstigt. Während der Kolonialzeit hat Frankreich die spärlichen natürlichen Ressourcen sowie die Bevölkerung ausgebeutet. Der Bürgerkrieg hat die Entwicklung fast zum Stillstand gebracht, weil ein großer Teil der staatlichen Finanzen ins Militär geflossen ist. Daher sind weder die Landwirtschaft noch die Industrie heute besonders weit entwickelt. Die extrem trockenen Klimabedingungen und die Beschaffenheit der Wüstenlandschaften lassen eine Bewirtschaftung zudem nur sehr bedingt zu. Natürliche Ressourcen gibt es, außer Salz und Pottasche, nur wenige.

Fast 90% der Landesfläche sind Wüste. Nur etwa 10% bestehen aus Weideland und Wald. Dschibuti muss sich also bei der Entwicklung seiner Wirtschaft auf Dienstleistungen und Handel konzentrieren. 2007 kamen 3,2% des BIP aus der Landwirtschaft, 14,9% aus der Industrie und 81,9% aus dem Dienstleistungssektor. Schaut man sich dagegen die Zahlen der Beschäftigten in den drei Sektoren an, wird ein anderes Bild gezeichnet. 75% der Menschen arbeiten in der Landwirtschaft, 11% in der Industrie und 14% im Dienstleistungsbereich. **75% der arbeitenden Bevölkerung erwirtschaftet also 3,2% des BIP**. Schätzungen zufolge lebt **ein Viertel** der Menschen in Dschibuti **unter der Armutsgrenze**.

Die Arbeitslosenquote betrug laut CIA Factbook 2014 etwa 60% und ist 2017 auf 40% gefallen. Die Zahlen sind nur grobe Schätzungen, zeigen aber, dass sich in den letzten Jahren eine Besserung eingestellt hat. Dank der relativ stabilen politischen Lage und des modernen Hafens haben sich in den vergangenen Jahren einige Banken und Firmen in Dschibuti niedergelassen.

Wichtigste Handelspartner des kleinen Landes sind die Nachbarländer Somalia und Äthiopien (beide zusammen machen mehr als 80% des Außenhandels aus), der Jemen, Saudi-Arabien, die USA, Italien und China.

Zu den wenigen Exportgütern gehören Salz, Textilien, Öl und Tiere sowie Tierhäute und Felle.

Klima

Dschibuti ist nur etwa so groß wie Hessen und hat daher klimatisch gesehen keine großen Unterschiede. Nur die verschiedenen Höhenlagen erzeugen Klimaschwankungen. Grundsätzlich kann man zwischen dem Küstenstreifen und der Wüste unterscheiden.

An der Küste ist es ganzjährig sommerlich warm. Dschibuti Stadt gehört zu den heißesten Städten des Kontinents. Im **kältesten Monat**, dem Januar herrschen tagsüber Temperaturen zwischen 27 und 30°C, während es nachts auf bis zu 20°C abkühlt. Ab April wird es dann allerdings richtig heiß und die Temperaturen steigen auf **39 bis 42°C am Tag**, während sie nachts nur selten unter die 30°-Marke fallen. Erst ab Oktober werden die Nächte langsam wieder etwas kühler. Im Juli und August kommt es nicht selten vor, dass das Thermometer auf bis zu 45°C steigt. Das absolute Minimum, das jemals gemessen wurde lag in einer Nacht im Januar bei 16°C.

An den Küsten ist die Luftfeuchtigkeit im Winter mit 70-75% recht hoch und fällt im Sommer auf um die 45%. Durch die Trockenheit wird die Hitze nicht als allzu unangenehm empfunden. Niederschläge gibt es jedoch nur wenig. Es regnet an durchschnittlich 15 Tagen pro Jahr. Der Gesamtjahresniederschlag beträgt nur 140 bis 170mm.

Das Meer vor Dschibuti Stadt ist im Sommer um die 30°C warm und kühlt im Winter auf etwa 25-17°C ab.

In den Wüsten mit ihren Salzpfannen und Depressionen zum Beispiel um den Assalsee herum und in den Danakilbergen herrscht ein ähnliches Klima. In den Senken wird es im Sommer um die 50°C heiß und kühlt nachts nur geringfügig ab. Das Hinterland hat nicht nur weite Gebiete, die unterhalb des Meeresspiegels liegen, sondern auch gebirgige Regionen, die auf 500 bis zu 2000 Höhenmeter liegen. Die höher gelegenen Regionen sind etwas feuchter als die Küste und die Unterschiede zwischen den Tages- und Nachttemperaturen sind höher.

In Dschubuti gibt es grob betrachtet zwei Regenzeiten. Die erste dauert von März bis April und die zweite von Juli bis September. Nach der zweiten Regenzeit wird geerntet, dort wo Landwirtschaft betrieben wird.

Fauna und Flora

Das heiße und sehr trockene Klima bedingt, dass die Pflanzen- und daher auch die Tierwelt in Dschibuti nur sehr spärlich ausfällt. In den Wüsten und Halbwüsten gibt es **Dornbuschsavannen**. Hier wachsen wüstentypische Pflanzen wie Wüstensträucher, bestimmte Gräser, Flechten, Sukkulenten und Kakteen. Diese Pflanzen können

Feuchtigkeit für eine lange Zeit speichern und sind so an die trockenen Gegebenheiten angepasst. Dornbäume wie **Akazien**, Wacholder und wilde Feigenbäume oder Ölbäume wachsen in Höhenlagen von über 1200 Metern.

An den Küsten kann man Mangrovenwälder finden. Im Nationalpark Foret du Day sind Pflanzenarten unter Schutz gestellt, die es sonst nirgends auf der Welt gibt. Dazu zählen zum Beispiel ostafrikanischer Wacholder,

Ägyptische Gans im Südwesten

Die Tierwelt von Dschibuti ist aufgrund des trockenen Klimas und der sehr spärlichen Pflanzenwelt auch nicht eben üppig. Es gibt jedoch kleine Populationen von Flamingos, Gazellen, **Antilopen**, Schakalen, Hyänen, **Straußen**, Dromedaren und mehreren Affenarten. Besonders häufig trifft man den Mantelpavian an. Vereinzelt findet man in den Dornsavannen Leoparden und Geparden. Besonders artenreich sind hingegen die Meere vor der Küste von Dschibuti. Dort leben Thunfische, Barrakudas, tausende von kleineren Fischarten und im Oktober und November auch **Walhaie**.

Dschibuti ist also kein Reiseziel für Touristen, die hauptsächlich Tiere beobachten möchten. Die einzigen Tierfans, die wirklich in Dschibuti auf ihre Kosten kommen, sind Vogelfreunde. Es gibt 360 **Vogelarten** im Land, darunter auch einige endemische Vögel. Der **Dschibuti-Frankolin**, der Wacholder-Frankolin und die Streifenastrilde stehen unter besonderem Schutz. Sie leben in den wenigen Wäldern der Danakilberge und im Day-Nationalpark.

Nationalparks

Day Forest Nationalpark

Der **Day Forest Nationalpark** liegt in den Goda-Bergen in der Region Tadjoura. Er ist mit seinen 15 Quadratkilometern das größte zusammenhängende Waldgebiet im Land. 1939 wurde der Wald zum Nationalpark erklärt. Offiziell ist diese Schutzklassifizierung nicht mehr gültig. Die aktuelle Regierung denkt jedoch darüber nach, den Wald wieder unter einen offiziellen Schutzstatus zu stellen. Verglichen mit dem Zustand vor 100

Jahren ist der Day Forest um mehr als die Hälfte geschrumpft.

Der Day Forest ist ein Wald, der von Wüste umgeben ist. Allein deshalb handelt es sich schon um eine Besonderheit. Einst bestand der Wald hauptsächlich aus **ostafrikanischem Wacholder**. Leider haben die Bestände dieser seltenen Wacholderbäume in den letzten drei Jahrzehnten stark abgenommen. Selbst dort, wo die Bedingungen besser sind, und der Wald noch recht gesund und ursprünglich aussieht, ist bereits die Hälfte der Wacholderbäume abgestorben. Er wird ersetzt durch Buchsbäume. Der Artenreichtum innerhalb des Waldes nimmt mit zunehmender Höhe zu. Hier sind alte Wacholderbäume neben Olivenbäumen, wilden Feigen, Mimosen und Kampfer zu finden.

Im Day Forest gibt es noch Exemplare der vom Aussterben bedrohten Wacholder Frankoline und Dschibuti Frankoline. Diese Vogelart kommt sonst nur in den Mabla Bergen vor und die Populationen sind sehr übersichtlich. Außerdem leben hier **Buntastrilde** und der kaum erforschte und nicht kategorisierte Toha Nektarvogel oder **Dschibuti Nektarvogel**, der ebenfalls vom Aussterben bedroht ist.

Neben diesen seltenen endemischen Vögeln gibt es weitere Vogelarten, die es auch in Äthiopien und Somalia gibt. Eine seltene Natterart (Platyceps afarensis) ernährt sich von den Vögeln.

Vor einigen Jahrzehnten gab es im Day Forest noch zahlreiche Antilopen und Wüstenwarzenschweine. Letztere sind vollkommen verschwunden. Auch Leoparden, die es in den 80er Jahren noch gab, sind seit Jahrzehnten nicht mehr gesehen worden. Gründe für das **Artensterben** im Day Forest sind die zunehmende Trockenheit und Hitze in der Region, aber auch die Tatsache, dass Nomaden und lokale Viehzüchter ihre Tiere im Wald weiden lassen. Die Menschen aus den Dörfern rund um den Wald sammeln Totholz im Day Forest, halten sich aber an ein traditionell verankertes Verbot, die lebenden Bäume zu fällen und das obwohl die Arbeitslosigkeit in der Region bei bis zu 80% liegt.

Flusstal in den Goda-Bergen

Die Vegetation ist spärlich und besteht aus Sträuchern und Bäumen, die hauptsächlich entlang der Wasserläufe, Wadis und **Flusstäler** zwischen den Felsen und Steinen wachsen. Zahlreiche Vogelarten leben im Dschibuti Nationalpark. Es gibt Paviane, Makaken, Schakale und verschiedene Nagetiere im Park. Die Menschen in den kleinen Ortschaften in den Bergen berichten gerne davon, dass in den umliegenden Bergen **Panther** leben. Diese wurden jedoch seit über 15 Jahren nicht mehr gesichtet.

Dschibuti Nationalpark
Der zweite Nationalpark in Dschibuti trägt den Namen des Landes selbst. Das Schutzgebiet liegt in den **Goda-Bergen**.

Yoboki National Park
Der dritte Nationalpark Dschibutis heißt Yoboki Nationalpark. Er umschließt die Stadt Yoboki im Westen des Landes und liegt etwa auf halber Strecke zwischen dem Assalsee und dem Abbésee. Hier ist eine sehr trockene Wüstenlandschaft unter Naturschutz gestellt, in der es Warzenschweine, Dromedare, Schlangen und vereinzelt Vögel gibt. Eine wirkliche Verwaltung dieses Parks ist nicht zu erkennen

Sprachen

Die Amtssprachen Dschibutis sind **Arabisch und Französisch**. Die Bewohner des Landes sprechen jedoch im Alltag verschiedene kuschitische Sprachen der **Afar und Issa**. Afar wird im Osten Äthiopiens ebenfalls gesprochen, was es den Menschen in Westdschibuti erleichtert, mit den Nachbarn ins Gespräch und in Handelsbeziehungen zu kommen. Die Issa-Sprache wird ebenfalls in Somaliland gesprochen und ist daher auch eine wichtige Handelssprache.

Die meisten Menschen können zumindest ein wenig Französisch oder Arabisch.

Religion und Tradition

Die Menschen in Dschibuti sind im Allgemeinen sehr gastfreundlich und respektvoll. Dies kommt vor allem daher, dass sowohl die Afar als auch die Issa eine lange Geschichte als **Nomaden** haben und im nomadischen Leben die Gastfreundschaft eine große Rolle spielt. Obwohl ein großer Teil der einstigen Nomaden sich nun niedergelassen hat, pflegen die Menschen dennoch eine enge **Verbundenheit mit ihrem nomadischen Erbe**.

Eine verbreitete Tradition ist das Kauen von Khat, einer Droge, die stimulierend wirkt. Die Khat-Blätter wachsen hauptsächlich im benachbarten Äthiopien und sind eines der wichtigsten

Handelsgüter, die die Grenze jeden Tag überqueren. Das leichte Narkotikum wird von den meisten männlichen Bewohnern Dschibutis fast täglich konsumiert, gerne auch in Gesellschaft anderer. Nur etwa 10% der Frauen nehmen die Droge.

Die meisten Menschen sind der Religion des **Islam** sehr verbunden. Sie essen kein Schweinefleisch, kaufen nur in Metzgereien, die nach den Vorgaben des Islam schlachten und trinken keinen Alkohol. Der Ramadan wird trotz der starken Hitze von den meisten Menschen eingehalten und an Freitagen sind die Moscheen voll. Katar, Saudi-Arabien und Kuwait haben in den vergangenen Jahren auf dem Land mehrere Sozialsiedlungen mit jeweils einer kleinen Moschee erbauen lassen.

Moschee bei Ali Sabieh, finanziert von Katar

Kulinarisches Dschibuti

In Dschibuti Stadt ist die Auswahl an guten Restaurants recht groß. Es gibt internationale Küche, die vor allem vom Einfluss der Franzosen, Jemeniten und Äthiopier geprägt ist. Es werden aber auch gute Pastagerichte, hervorragende Meeresfrüchte und Fischgerichte sowie Reis und Fleisch angeboten. In der Hauptstadt lassen sich auch eine Reihe an guten **arabischen Restaurants** finden, die Spezialitäten von der anderen Seite des Roten Meeres servieren.

Obwohl Dschibuti ein mehrheitlich muslimisches Land ist, wird **Alkohol** recht frei konsumiert. Bier und Wein findet man eigentlich überall. Spirituosen sind meist aus Frankreich importiert. Man kann Alkohol in den meisten Restaurants bestellen oder ihn günstiger in Supermärkten kaufen. Generell sind alkoholische Getränke in Dschibuti verhältnismäßig teuer. Viele Menschen trinken aus religiösen Gründen keinen Alkohol.

Viele Gerichte, die es im benachbarten Eritrea und Äthiopien gibt, werden auch in Djibouti zubereitet. Dazu zählt unter anderem das ungewöhnliche und leicht säuerlich schmeckende **Fladenbrot Injerah**, das aus Teff, einer in höheren Lagen wachsenden Getreideart hergestellt wird. Dazu werden Gerichte aus Linsen, Kichererbsen und Fleisch gereicht. Injerah wird mit den Händen gegessen. Man reißt ein Stückchen des Brotes, das eher die

Konsistenz eines Pfannkuchens hat, ab und greift damit einen kleinen Happen des Fleisch- oder Gemüsegerichtes. Wenn man sich dabei geschickt anstellt, kommen die Hände nicht mit den oft etwas scharf gewürzten Saucen in Berührung.

Zum Frühstück hat sich **französisches Baguette** durchgesetzt und ist eigentlich überall erhältlich.

Kunst und Architektur

Tanz, Geschichtenerzählen und Poesie sind wohl die wichtigsten Kunstarten, die in Dschibuti gepflegt werden. Es gibt spezielle **Tänze**, die bei Geburten, Hochzeiten oder Beschneidungsfeiern aufgeführt werden.

Die Handwerkskunst ist hauptsächlich etwas, das in der Baubranche zum Einsatz kommt. Zudem gibt es natürlich verschiedene handwerklich gefertigte Produkte, die auch gerne an Touristen verkauft werden. Dazu zählen die traditionellen **Messer und Dolche** der Afar oder der Issa sowie die schönen geflochtenen Strohmatten und Körbe, die von den Frauen der Afar hergestellt werden. Sie heißen **Fiddima**.

Übersichtskarte Dschibuti

Sehenswürdigkeiten im NORDEN

Assal See

Der Assal See liegt etwa 115 Kilometer westlich von Dschibuti Stadt am Ende des Golfs von Tadjoura im Landesinnern. Er darf mit Recht als eines der beeindruckendsten Naturphänomene in ganz Afrika bezeichnet werden. Der Assal See liegt **155 Meter unter dem Meeresspiegel** und damit der tiefste Punkt des Kontinents. Es handelt sich um einen Kratersee, der durch Vulkanismus entstanden ist. Er ist umgeben von dunklen erloschenen Vulkanen. Gemeinsam mit dem teils türkisblauen Wasser des Sees und den weißen teils 60 Meter dicken und bis zu zehn Kilometer breiten Salzablagerungen, die den See einrahmen, bilden die Vulkane ein einzigartiges Farbschauspiel. Das Wasser des Assalsees ist noch stärker salzhaltig als das des Toten Meeres und liegt bei 35%. Das ist zehnmal mehr als in normalem Meerwasser. Der 54 Quadratkilometer große See hat **keinen Abfluss**. Das

Wasser kommt hauptsächlich aus **unterirdischen Quellen**, die sich aus dem Roten Meer speisen und daher salzhaltig sind. Es verdunstet einfach und lässt das Salz zurück. Es gibt keine öffentlichen Verkehrsmittel, die von Dschibuti Stadt aus zum Assasee fahren. Die meisten Touristen kommen im Rahmen einer Rundreise oder eben eines Tagesausfluges von Dschibuti Stadt oder von Tadjoura aus hierher. **Tadjoura** liegt nur eine zweieinhalbstündige Fahrt entfernt.

Der Assalsee besteht heute zum Teil aus dem eigentlichen See und zum Teil aus ausgedehnten Salzebenen, die einst ebenfalls von Wasser bedeckt waren.

Ablagerungen am Ufer des Assalsees

Goda Berge

Die Goda Berge liegen nordwestlich des Golfs von Tadjoura mit Höhen von bis zu 1750 Metern. Die Landschaft hier ist sehr ungewöhnlich und zudem für Dschibuti erstaunlich grün. Entlang der Wasserläufe und Täler gibt es eine Reihe von Afar-Dörfern, die ebenfalls einen Abstecher wert sind. Die Goda Berge sind aber hauptsächlich bei **Wanderern und Naturliebhabern** beliebt. In einigen Dörfern gibt es Touristencamps, die von den Afar betrieben werden, so zum Beispiel in **Bankoualé**, Day und Dittilou. Diese Camps bestehen aus traditionellen Hütten der Afar, die auch als Daboyta bezeichnet werden. Sie sind mit den typischen Holzbetten ausgestattet und im Stil der Afar dekoriert. Im Zentrum der Camps gibt es Duschen und Toiletten.

Bankoualé ist vielleicht die bekannteste Destination unter den verschiedenen Touranbietern. Um nach Bankoualé oder auch in eines der anderen Dörfer zu gelangen, ist ein **Geländefahrzeug** nötig. Eine sehr schlecht ausgebaute **holprige Piste** geht von der Strecke ab, die Tadjoura und Dschibuti Stadt miteinander verbindet. Die Fahrt von Tadjoura aus dauert etwas mehr als eine Stunde. In Bankoualé kann man im Campement touristique de Bankoualé mit Vollpension für 8000 DJF pro Person übernachten. Vom Camp aus hat man eine schöne Aussicht über ein Bergtal. In der Umgebung des friedlichen und ruhigen Dorfes Bankoualé begeistern Bergpanoramen, Canyons, Wasserfälle und terrassenförmig angelegte Gärten die Wanderer. Von den Betreibern der einzelnen Camps werden Touren angeboten von einer Stunde bis hin zu ganztägigen Wanderungen. Von Bankoualé aus ist die **Cave de la chauve souris** in einem Halbtagsausflug zu erreichen (etwa vier Stunden hin und zurück). Bis nach Dittilou braucht man etwa vier Stunden (ein Weg) und bis zum **Day Nationalpark** zwischen vier und fünf Stunden. Es ist für Ortsunkundige fast unmöglich, den Weg zu finden, da die Richtungen nicht ausgeschildert sind und der Handyempfang schlecht bis nicht vorhanden ist. Die Camps vermitteln gerne Tourguides zum Wandern. Die Preise richten sich nach der Länge der Wanderung.

Bankoualé

Wenige Kilometer vor Bankoualé kommt man an einem Abzweig zu dem Dorf **Ardo** vorbei. Es liegt zwei Kilometer abseits der Piste, die nach Bankoualé führt. Hier gibt es einen kleinen **Handwerkermarkt**, auf dem vor allem Frauen der Afar ihre Korbflechtkunst zeigen und Körbe verschiedener Art anbieten.

Dittilou

Dittilou liegt dort, wo die Vegetation des Foret du Day langsam in Wüste übergeht und gleichzeitig an den Hängen der Ausläufer der Goda Berge. Dittilou liegt auf 700 Höhenmetern. Die Landschaft ist geprägt von feuchten Wäldern und nebligen Aussichtspunkten. Es ist erstaunlich, wie grün es hier ist, wo doch der Rest des Landes kaum trockener sein könnte. Auch Dittilou eignet sich hervorragend als Ausgangspunkt für **Wanderungen in die Umgebung**. Die Betreiber des Campement touristique de Dittilou, wo man für 8000 DJF pro Person mit Vollpension übernachten kann, vermitteln gerne Wanderführer für die vielen Wege und Ausflüge verschiedener Schwierigkeitsstufe. Besonders schöne Wanderungen sind die Tour zu einem alten **Flugzeugwrack**, die sechs Stunden dauert und der Ausflug zum **Wasserfall von Toha**. Dieser Rundweg dauert etwa vier Stunden. Die Wanderung von Dittilou nach Bankoualé dauert vier bis fünf Stunden. Auch in der Nähe von Dittilou gibt es ein Dorf, in dem die Afar-Frauen ihre Korbflechtwaren anbieten. Das Dorf heißt **Dogum** und ist zudem bekannt für seinen Ziegenkäse. Auch Dittilou kann man nur mit einem gemieteten Geländewagen erreichen. Öffentliche Transportmittel gibt es nicht.

Foret du Day

Der Foret du Day, der Day Wald, war einst ein Nationalpark und ist heute nur noch ein inoffizielles Naturschutgebiet. Das Waldgebiet liegt auf 1500 Höhenmetern. Der klimatische Einfluss der **Goda Berge** ist groß, denn von den Bergen her kommen Wolken herüber zum Day Wald, die Feuchtigkeit und damit Fruchtbarkeit in Form von Kondensation bringen. Das führt dazu, dass der Boden stets feucht ist und hier Pflanzen wachsen können, obwohl es so gut wie nie regnet. Von Dezember bis März können die Temperaturen hier bis kurz über dem Gefrierpunkt sinken.

Im Day Nationalpark lebt die einzige endemische Vogelart von Dschibuti, der **Dschibuti Frankolin**. Man kann hier aber auch andere Vögel, kleine Affen, Rehe und den Bonelli Adler sehen. Leider ist der Dschibuti Frankolin stark bedroht, ebenso wie der gesamte Wald. Viele der Menschen aus den umliegenden Dörfern lassen ihre Tier im Wald grasen, was dem Schutzgebiet nicht gut tut.

Wanderungen in das Gebiet des Day Nationalparks können **von Bankoualé oder Dittilou** aus unternommen werden, wobei es jeweils aber vier Stunden dauert, um zum Wald zu gelangen. Von dem Dorf Day aus erreicht man das Waldgebiet in wenigen Minuten.

In Day gibt es das Campement touristique de la Foret du Day. Hier kostet die Übernachtung mit Vollpension pro Person 8000 DJF. Auch hier stehen **traditionelle Hütten im Stil der Afar** um einen sauberen Sanitärblock herum, der von allen Campbewohnern benutzt wird. Das Restaurant ist sehr gut und zum Frühstück gibt es traditionelle Pfannkuchen, die sich Kemir nennen.

Um Day und den Day Wald zu erreichen, muss man mit einem Geländefahrzeug unterwegs sein. Eine **Piste** geht von der Strecke zwischen Dschibuti Stadt und Tadjoura an. Während der Regenzeit kommt es nicht selten vor, dass die Piste von Erdrutschen beeinträchtigt wird und dass die Tour um ein paar Tage verschoben werden muss.

Tadjoura

Die kleine Stadt hat etwa 30.000 Einwohner und liegt am Fuße der Goda Berge sowie direkt am Roten Meer. Die Stadt erweckt einen arabischen Eindruck mit ihren weiß getünchten und teils **bunt angestrichenen Gebäuden,** zahlreichen Moscheen und vielen Palmen. Es gibt kaum etwas zu sehen, aber es lohnt sich, ein paar Stunden hier zu verbringen, bevor man sich auf den Weg nach Obock oder nach Plage des Sables Blancs macht. Die **Uferpromenade** an einem kleinen Sandstrand wurde vor wenigen Jahren neu angelegt und bietet einen Treffpunkt für die Bevölkerung, vor allem am Abend. An diesem zentralen Stadtstrand liegen zwei hölzerne Schiffswracks, an denen sich niemand zu stören scheint. Die Atmosphäre von Tadjoura ist **entspannt und friedlich**. In Tadjoura selbst gibt es keine touristischen Hotels. Zwei Unterkünfte befinden sich knapp zwei Kilometer westlich der Stadt. Hier gibt es auch die einzigen wirklichen Restaurants von Tadjoura. Beide bieten einen tollen Blick über den Golf von Tadjoura.

Nach Tadjoura kann man von Dschibuti Stadt sogar mit dem öffentlichen Transport gelangen. Busse fahren an der Haltestelle Cité Arhiba ab, kosten 1500 DJF und brauchen drei Stunden für die Strecke. Kaum schneller aber günstiger ist die Fähre, die am Hafen l'Escale ablegt und 700 DJF kostet. Die Fähre ist jedoch nur zwei bis dreimal in der Woche unterwegs, während Busse jeden Tag fahren.

Eines der beiden heißt **Hotel-Restaurant Le Golfe**. Nur zehn der 28 Zimmer haben einen Meerblick. Es gibt nur einen kleinen etwas felsigen Strand. Transfers mit dem Boot (für bis zu fünf Personen) zum Page des Sables Blancs werden angeboten. Die einfachen und praktisch ausgestatteten Doppelzimmer mit Klimaanlage kosten 15.000 DJF mit Frühstück. Das Restaurant bietet französische Spezialitäten und frische Meeresfrüchte.

Das zweite Hotel ist das **Le Corto Maltese**, wo ein Doppelzimmer mit Frühstück 12.000 DJF kostet. Die 18 Zimmer sind groß aber wenig liebevoll eingerichtet. Das Restaurant bietet gute lokale Gerichte und vor allem frischen Fisch an.

Blick auf den kleinen Strand im Hotel du Golfe, Tadjoura

Plage des sables blancs

Der Plage des sables blancs, also der Strand des weißen Sandes, liegt sieben Kilometer östlich von Tadjoura. Er macht seinem Namen alle Ehre, denn der Sand ist wirklich weiß. Es gibt am Strand **sanitäre Anlagen und Duschen**. An den Wochenenden trifft man hier vornehmlich Ausländer an, die in Dschibuti leben. Man kann sehr gut **schnorcheln** oder einfach in der Sonne relaxen. Es werden Kajaks vermietet und Snacks angeboten. An der Plage des sables blancs steht ein angenehmes Hotel, das Village Vacances Les Sables Blancs. Es hat einerseits einfache Hütten mit Betten und Matratzen (eigenes Bettzeug mitbringen!) für 12000 DJF oder andererseits im hässlichen Haupthaus, einem Betonklotz, 10 geräumige Zimmer mit komfortablerer Ausstattung und Klimaanlage. Das Hotelrestaurant bietet für 4000 DJF gute traditionelle Gerichte an.

Abourma Petroglyphen

Die Felsenmalereien von Abourma stammen aus der **Neusteinzeit**. Die Petroglyphen sind erstaunlich vielfältig und **sehr gut erhalten**. Viele der Zeichnungen zeigen Tiere, die es schon lange nicht mehr in Dschibuti gibt. Sie geben Aufschluss darüber, dass einst Giraffen, Strauße, Kudus, Antilopen und Oryxgazellen hier gelebt haben. Es sind auch Darstellungen von Menschen zu sehen. Abourma wurde 2008 von französischen Archäologen wiederentdeckt und erforscht.

Diese Attraktion ist nur mühsam zu erreichen. Abourma befindet sich etwa 30 Kilometer von dem Dorf **Randa** entfernt. Von Randa aus kann man mit einem Geländewagen bis zu dem Örtchen **Giba Gibeley** und je nachdem, wie die Piste hier gerade in Stand gehalten ist, auch noch ein Stückchen weiterfahren. Irgendwann jedoch muss man zu Fuß weiter. Die Wanderung dauert knapp zwei Stunden (ein Weg). Muss man von Giba Gibeley aus marschieren, sollte man für die ungefähr 16 Kilometer (hin und zurück) insgesamt um die acht Stunden einplanen. Es kommt immer wieder vor, dass die Piste in einem so schlechten Zustand ist, dass selbst Geländewagen nicht allzu weit kommen.

Die Strapazen lohnen sich jedoch. Die Landschaft rund um die Petroglyphenstätte ist malerisch. Die Wanderung dorthin führt durch gewundene Hügel, kleine Schluchten, steinige und felsige Abschnitte und weite Ebenen. Schatten gibt es weder auf dem Weg noch an den Petroglyphen selbst. Auch Toiletten oder Gelegenheiten, Wasser zu kaufen kommen nach Verlassen von Randa nicht mehr vor. Man sollte also auf jeden Fall Sonnenschutz und **ausreichend Wasser** sowie etwas zu essen mitnehmen. Guides können in Randa für etwa 5000 DJF gebucht werden oder über eine der Agenturen in Dschibuti Stadt in Voraus gebucht werden. Es sind normalerweise Menschen aus Randa, die den französischen Archäologen bei der Arbeit geholfen haben und sich daher auskennen.

Obock

Obock ist ein verschlafenes Städtchen mit dem Charme eines letzten Außenpostens der Zivilisation. Die Einwohnerzahl beträgt etwa 45.000. Außer den wirklich schönen und fast ausgestorbenen **goldgelben Stränden** in dieser Gegend gibt es kaum einen Grund, nach Obock zu kommen. Die Korallenriffe und die Unterwasserwelt hier sind jedoch spektakulär und sicherlich die besten im ganzen Land.

Obock ist das Ziel von täglich etwa 400 **Flüchtlingen** aus Äthiopien, die sich auf die beschwerliche Reise durch Dschibuti machen, um in Obock mit einem Schleuserschiff in den Jemen überzusetzen, dann den Jemen zu Fuß zu durchqueren, um schließlich in Saudi-Arabien eine illegale Beschäftigung zu finden und Geld zu verdienen. Auf dem Weg nach Obock sieht man daher viele junge Menschen, vor allem Männer, die oft nur mit einer Wasserflasche unterwegs sind.

Sehenswert ist der Cimetière Marin, der **Seefriedhof**, wo im Westen der Stadt zwischen 1885 und 1889 einige französische Marinesoldaten begraben wurden, die an Fiebererkrankungen starben. Sie befanden sich auf dem Weg nach Indochina oder kamen auf dem Rückweg hier vorbei. Ein **Leuchtturm** kann als Sehenswürdigkeit betrachtet werden. Er liegt sechs Kilometer vom Stadtzentrum entfernt, steht ganz einsam am Ufer und ist in einem sehr guten Zustand.

Da Obock einst der Ort war, an dem die Franzosen ihre Eroberung von Dschibuti begonnen haben, gibt es hier noch einige wenige **Kolonialbauten** aus dem späten 19. Jahrhundert. Die Sultane der Afar hatten den Franzosen damals Ländereien verkauft, wo diese zum Beispiel eine **Gouverneursresidenz** erbauten. Diese ist im Grunde das einzige wirklich erhalten gebliebene Überbleibsel der französischen Kolonialstadt Obock, die bald von Dschibuti Stadt als Hauptstadt abgelöst wurde und dann schnell in Vergessenheit geriet.

In Obock gibt es ein einfaches Campement touristique und eine Art Strandresort. Das Campement Oubouky bietet Unterkünfte mit Vollpension für 10.000 DJF pro Person an. Seine kleinen Hütten und Gemeinschaftsbäder sind nicht mehr im besten Zustand. Strom gibt es nur am Abend. Die Lage an einem **verlassenen Strand** fünf Kilometer von Obock entfernt, ist jedoch schön. Hier kann man wunderbar schnorcheln und schwimmen. Die Betreiber des Campement können Angelausflüge organisieren. Das Restaurant ist hauptsächlich auf frische Meeresfrüchte und Fisch spezialisiert. Das Village Mer Rouge bietet Zimmer für um die 12.000 DJF mit Frühstück an. Das kleine Resort ist nur von Oktober bis April geöffnet. Es liegt etwa zwei Kilometer vom Zentrum entfernt am Meer und verfügt über 15 Bungalows, von denen fünf direkt am Strand liegen. Einige der etwas höher gelegenen Bungalows haben einen tollen Meerblick.

Manchmal ist nicht ausreichend Wasser zum Duschen vorhanden. Man muss sich auf einfache Verhältnisse gefasst machen. Das Restaurant unter freiem Himmel bietet wirklich gute Fischgerichte und lokale Speisen an.

Im Zentrum von Obock gibt es eine Reihe von kleinen Cafés, die einfache und sehr günstige Mahlzeiten servieren.

Auch Obock kann man zweimal in der Woche von Dschibuti Stadt aus (Hafen l'Escale) mit einer **Passagierfähre** erreichen. Diese braucht drei Stunden und kostet 700 DJF. Der Bus von Dschibuti Stadt aus ist viereinhalb Stunden unterwegs, kostet 2000 DJF und fährt täglich früh am Morgen.

Grenzgebiet zu Eritrea

Der **Grenzkonflikt** zwischen Eritrea und Dschibuti hat eine lange Vorgeschichte. Hauptsächlich wird um die Hügel Gabla oder Ras Doumeira und um die bis auf ein winziges Dorf unbewohnte Insel **Doumeira** gestritten. 1897 wurde die Grenze von den italienischen und französischen Kolonialmächten festgelegt. Italien und Frankreich vereinbarten 1901, dass die Frage um die Grenzziehung und die Insel später noch einmal besprochen werden solle. Die Frage wurde jedoch nie abschließend geklärt und so besteht Dschibuti darauf, dass

Ras Doumeira nach dem Vertrag von 1897 eindeutig Frankreich und damit dem heutigen Dschibuti zugeteilt worden ist.

Zunächst war 1977 nur Dschibuti unabhängig, während Eritrea an Äthiopien angegliedert wurde. Seit 1960 bereits kämpfte Eritrea für die Unabhängigkeit, was erst 1993 von Erfolg gekrönt war. Die Beziehungen zu Äthiopien sind seither angespannt, ebenso zum Jemen, mit dem es **Streit um kleinere Inseln** gab. Auch zwischen Eritrea und Dschibuti ist die Beziehung nicht ungezwungen. 1996 gab es beinahe Krieg zwischen den beiden Ländern wegen einer angeblichen Bombardierung von Ras Doumeira. 1998 bis 2000 herrschte ein offener **Krieg um die Grenze** zwischen Eritrea und Äthiopien. Da Dschibuti recht gute wirtschaftliche Beziehungen zu Äthiopien pflegte (und bis heute pflegt), brach Eritrea damals die Beziehungen zu Dschibuti vollends ab. Dschibuti beschuldigte Eritrea, Rebellen auf dschibutischem Gebiet zu unterstützen.

2008 kam es zu einem weiteren Konflikt. Während die Opposition in Eritrea behauptet, dass die eritreische Regierung von inneren Problemen ablenken will und daher Kriege führt, machen ausländische Experten auch die Tatsache mit verantwortlich, dass die USA im Grenzstreit zwischen Äthiopien und Eritrea so starken Druck auf Eritrea ausüben. Die USA und Frankreich sind nach wie vor in Dschibuti militärisch vertreten, was Eritrea natürlich ein Dorn im Auge ist.

Über die Ereignisse in 2008 gibt es **zwei Varianten**: Laut Dschibuti hat Eritrea um eine Erlaubnis gebeten, Sand für den Straßenbau auf Ras Doumeira abzubauen, dann aber die Region militärisch besetzt und eine Befestigung gebaut. Dschibuti bat den UN-Sicherheitsrat um Hilfe. Dschibuti gab an, dass Eritrea neue Landkarten, auf denen Ras Doumeira eritreisches Staatsgebiet war, veröffentlicht haben soll. Die Version von Eritrea sah so aus, dass jegliche Konflikte oder Truppenstationierungen geleugnet wurden. Schließlich gab Dschibuti bekannt, dass eine große Anzahl von eritreischen Soldaten nach Dschibuti übergelaufen sei. Darauf soll Beschuss durch die eritreischen Truppen gefolgt sein. Im Juni gab es mehrere Kämpfe. Neun dschibutische Soldaten wurden dabei getötet, 60 weitere verletzt. Auf eritreischer Seite soll es 100 Tote und 100 Gefangene gegeben haben. **Frankreich** unterstützte Dschibuti militärisch und Äthiopien kündigte an, seine Handelsrouten in Dschibuti, wenn nötig auch militärisch zu schützen. Die USA verurteilten das Verhalten Eritreas offiziell, während der **UN-Sicherheitsrat** beide Seiten zur Mäßigung aufrief. Auch die arabische Liga bat Eritrea um den Abzug der Truppen. Eritrea weigerte sich, eine internationale Untersuchung zuzulassen und bleibt seinerseits an der Grenze stationiert.

Diese Geschichte ist der Grund dafür, warum von Reisen in das Grenzgebiet zwischen Dschibuti und

Eritrea abgeraten wird und warum in diesem Reiseführer auch nichts über diese Region aufgeführt ist. Es bleibt zu hoffen, dass sich Eritrea und Dschibuti ähnlich wie Eritrea und Äthiopien im Jahr 2018 in den kommenden Jahren etwas annähern und vielleicht sogar versöhnen.

Salzpfanne in Norddschibuti

Dimbiya Canyon

Der Dimbiya Canyon liegt am Roten Meer etwa 2 Stunden von Tadjoura und zwei Stunden von Dikhil entfernt. Er ist von der Hauptverbindungsstraße N1 direkt zu erreichen. Ein kleiner Parkplatz ist am Straßenrand eingerichtet.

Der Dimbiya Canyon ist von diesem Parkplatz und Aussichtspunkt aus von oben überblickbar und besteht aus kargen **eindrucksvollen Felsen**, auf denen nur vereinzelt grüne Pflanzen wachsen. Im Tal unten erkennt man einen kleinen Wasserlauf, der sich Richtung Rotes Meer schlängelt. Ein paar Männer bieten an dem Aussichtspunkt **Kristalle** und Halbedelsteine als Souvenirs an, die sie in der Region gefunden und teils bearbeitet haben.

Nur wenige Kilometer hinter dem Dimbiya Canyon in Richtung Tadjoura gibt es einen zweiten Aussichtspunkt mit einem kleinen Parkplatz. Von hier aus kann man direkt aufs **tiefblaue Rote Meer**, den Golf von Tadjoura, blicken. Am Aussichtspunkt steht ein kleiner weißer Grabstein, der an einen Franzosen erinnert, der unter nicht ganz geklärten Umständen vor einigen Jahren hier umgekommen ist.

Dimbiya Canyon

Sehenswürdigkeiten im SÜDEN

Dschibuti Stadt

Die Hauptstadt von Dschibuti heißt Dschibuti Stadt. Sie entwickelt sich unheimlich schnell. Heute leben mehr als 600.000 Menschen in der Stadt mit dem **großen Hafen**. Vor 40 Jahren waren es noch weniger als 120.000. Noch in den 90er Jahren war Dschibuti eigentlich nur ein französischer Überseeposten, der sich aber mittlerweile in eine Stadt mit internationalen Beziehungen verwandelt hat. Man sieht hier sowohl Menschen in traditionellen Kleidern der einzelnen Volksgruppen als auch in eleganten Businessanzügen. Dschibuti Stadt ist mit Geschäften, Restaurants und Hotels recht gut ausgestattet. Von hier aus kann man am besten seine Reise ins Landesinnere organisieren beziehungsweise starten.

In Dschibuti Stadt findet man eigentlich alles, was man braucht. Es gibt mehrere Banken, in denen man internationale Währungen tauschen kann. Zu den bekannteren gehören Bank of Afrika, CAC International Bank, East Africa Bank und BCIMR. An vielen **Geldautomaten**, die man meist bei oder in den Bankfilialen findet, kann mit einer Visa-Karte Geld in dschibutischer Währung abgehoben werden. Mastercard wird eher selten akzeptiert. Es gab 2017 nur vier Geldautomaten in der Stadt, die Mastercard annehmen.

Dschibuti wird manchmal als das Dubai am Horn von Afrika bezeichnet. Dieser Vergleich hinkt natürlich, denn vom Reichtum Dubais ist in Dschibuti nichts zu finden. Trotzdem boomt die Stadt auf ihre eigene afrikanische Weise. Im Kampf gegen die Piraterie vor der somalischen Küste unterhalten die Amerikaner, Japaner, Deutschen, Spanier und Franzosen Militärstützpunkte in Dschibuti Stadt. Etwa **7000 ausländische Soldaten** bevölkern die Hauptstadt und tragen ihren Teil zur Wirtschaft des Landes bei. Die Bedeutung des Hafens ist nach wie vor groß, nicht nur für Dschibuti, sondern auch für Äthiopien. Die Verbindungsstraße zwischen Äthiopien und dem Hafen in Dschibuti Stadt ist einerseits über eine recht gut ausgebaute Straße über Ali Sabieh, den **Grenzübergang Galileh** und Dire Dawa gesichert und andererseits in Form einer neuen Bahnlinie vorhanden. Diese wird mehr und mehr genutzt. Schließlich hängt im Grunde der gesamte Import und Export Äthiopiens am Hafen von Dschibuti. Die Straßenverbindung über den **Grenzübergang Galafi** Richtung Semera ist unglaublich schlecht, wird aber seit Mitte 2019 von einer japanischen Straßenbaufirma komplett erneuert.

Die seit 2016 funktionsfähige **Eisenbahnverbindung** zwischen Dschibuti und Addis Abeba, die von einem chinesischen Investor gebaut wurde, hat einen wichtigen Aufschwung gebracht. Personen und Güter können nun innerhalb von zehn Stunden zwischen den beiden Hauptstädten transportiert werden. Zudem sind einige Bauprojekte von ausländischen Investoren im Gange.

Dschibuti Stadt hat erstaunlich wenige Strände für eine Küstenstadt dieser Größe. Die einzigen schönen Strände gehören zu teuren Hotels. Das Djibouti Palace Kempinski verfügt über einen attraktiven **Strandabschnitt**, wo das Wasser jedoch recht seicht ist und man nicht wirklich gut schwimmen kann. Zudem gibt es viele Algen. Um den Strand des Kempinski Hotels zu betreten, muss man 4000 DJF zahlen. Etwas weiter im Süden liegt der Plage du Héton, der deutlich breiter aber nicht ganz so schön ist. Hier muss man keinen Eintritt zahlen. Das Sheraton Hotel hat einen sehr kleinen aber passablen Strand, der jedoch den Hotelgästen vorbehalten ist.

Das Zentrum von Dschibuti Stadt besteht aus zwei Teilen: dem europäischen Viertel im Norden und dem afrikanischen Viertel im Süden. Am Morgen ist das Zentrum laut und geschäftig, während es am

Nachmittag wie ausgestorben wirkt. Die meisten Geschäfte sind dann geschlossen und kaum jemand ist unterwegs. Erst gegen Abend wird es wieder lebendiger.

Im Zentrum des europäischen Viertels liegt der Platz des 27. Juni 1977, der auch **Place Ménélik** genannt wird. Die Gebäude, die den Platz säumen, sind eine ungewöhnliche Mischung aus maurischen und europäischen Bauwerken, in denen Restaurants, Cafés und Geschäfte untergebracht sind. Vom europäischen Viertel aus führt der Boulevard de la République nach Norden, an dem man eine Vielzahl an Regierungsgebäuden findet.

Das Herzstück des afrikanischen Viertels ist der **Place Mahmoud Harbi** oder auch Place Rimbaud. Das auffälligste Gebäude an diesem Platz ist die **Hamoudi Moschee**, die mit ihrem aufragenden Minarett wahrscheinlich Dschibutis bekanntestes Bauwerk ist. Der Mahmoud Harbi Platz ist das wahre Stadtzentrum, wo Dschibutis Herz schlägt. Im Osten dieses Platzes befindet sich das Quartier 1, das anders als das europäische Viertel nicht schachbrettartig sondern kreuz und quer von Straßen durchzogen wird. Hier findet man auch die besten Souvenirs in kleinen Läden entlang der engen Gassen, aber auch am Boulevard de Bender im **Les Caisses Markt**. Die Geschäfte und Stände hier sind, außer an Freitagen, von 8:00 bis 22:00 Uhr geöffnet. Selbst wenn man keine Souvenirs kaufen will, ist die Atmosphäre einen Besuch wert.

L'Escale ist der Name eines kleinen Hafens nordöstlich des Zentrums. Hier liegen einige traditionelle Dhows und winzige Fischerboote. Von hier fahren auch die Fähren nach Tadjoura und Obock ab. Vom Hafengelände aus kann man die riesigen Kräne des eigentlichen Hafens von Dschibuti im Norden erkennen. Dieser imposante Handelshafen kann von Menschen, die nicht dort arbeiten, nicht betreten werden. Von l'Escale aus führt Straße bis zum **Präsidentenpalast im maurischen Stil**, der jedoch nicht für Besucher zugänglich ist. Trotzdem ist der Spaziergang empfehlenswert.

Neben der Moschee ist die von den Franzosen erbaute **Kathedrale** wohl das eindrucksvollste Gebäude. Sie wird kaum noch genutzt, weil es nur wenige Christen in Dschibuti gibt, aber sie wurde restauriert und kann besichtigt werden. Sie steht am Boulevard de la République. Etwas abseits der Rue Bourhan Bey steht eine **äthiopisch orthodoxe Kirche**. Sie wird noch immer genutzt und kann auch von Touristen besucht werden.

Viele Besucher kommen nach Dschibuti Stadt, um die **Unterwasserwelt** kennen zu lernen. Mehrere Agenturen bieten Ausflüge zum Tauchen oder zum **Schwimmen mit Walhaien** an. Allgemein muss gesagt werden, dass Dschibuti nicht ganz die Qualität der Tauchreviere Ägyptens aufweisen kann. Trotzdem gibt es tolle Möglichkeiten für Anfänger, in seichteren Gewässern zu tauchen, sowie auch tiefere Gefilde für erfahrene Taucher. Beliebt sind Tauchausflüge zu den Inseln **Moucha**

und Maskali. Schöne Tauchspots gibt es aber auch entlang der Südküste des Golfs von Tadjoura sowie weiter westlich in der Bucht von Ghoubbet. Tauchausflüge werden vor allem an den Wochenenden (meist freitags) angeboten. Neben den Tauchausflügen werden selbstverständlich auch **Schnorcheltrips** unternommen.

Im Golf von Tadjoura gibt es zudem einige wirklich eindrucksvolle **Schiffswracks**, die bei Tauchern beliebt sind. Das Wrack der Le Faon ist 120 Meter lang und liegt auf einer Tiefe von 27 Metern. Das kleine Boot l'Arthur Rimbaud, welches große Boote in den Hafen hinein gezogen hat, sank erst 2005. Nicht weit davon liegt das äthiopische Boot Nagfa auf etwa 32 Metern Tiefe.

Im Juli und August ist die See oft zu aufgewühlt zum Tauchen, aber der Rest des Jahres ist gut geeignet. Die Gezeiten sind sehr schwach, aber die Sicht ist oft bis auf zehn, manchmal sogar nur fünf Meter eingeschränkt. Die **Wassertemperaturen** liegen im Winter zwischen 25 und 27 Grad, im Sommer zwischen 27 und 29°C.

Die **Walhaisaison** ist von **November bis Januar**. Dann ziehen die Tiere von ihren Weidegründen in den Golf von Tadjoura um sich dort zu paaren und Junge zu bekommen. Der Golf von Ghoubbet gilt als einer der besten Plätze auf der Welt, an denen man mit Walhaien Seite an Seite im Wasser schwimmen kann. Diese sanften Riesen sind die größten Fische der Welt und sie stören sich nicht an der Gegenwart von Tauchern oder Schnorchlern. Neben einer Reihe von seriösen Touranbietern gibt es auch einige, die sich nicht gut auskennen und sich nicht an die Regeln halten. Die renommierten Anbieter instruieren ihre Kunden sorgfältig, so dass der Tourismus und das Schwimmen mit den **Walhaien** die Tiere nicht in ihrem natürlichen Tagesablauf stören. Man sollte etwa vier bis fünf Meter Abstand zu den schwimmenden Riesen halten und sie auf keinen Fall berühren. Zu den empfehlenswerten Touranbietern gehören Dolphinservices.com und dive-lucy.com. Youssouf Travel hat keine Internetseite und kann unter der Nummer 77 828 166 erreicht werden.

Wer **Touren ins Hinterland** unternehmen will, kann diese von Dschibuti Stadt aus über die Agence Safar (safar.djibouti@gmail.com) oder bei der Agence Le Goubet (valerie@riesgroup.dj) buchen.

In Dschibuti Stadt gibt es eine ganze Reihe an guten Hotels, vor allem weil hier viele Geschäftsreisende unterwegs sind.

Im Hotel Dar Es Salam (Rue des Issas) kann man für 7000 bis 8000 DJF ein Doppelzimmer mieten (35-40€). Dieses einfache Hotel mit einem kleinen Restaurant hat ruhige aber auch sehr laute Zimmer, weshalb es sich lohnt, sich die Zimmer beim Einchecken zeigen zu lassen. Die Auberge Sable Blanc (Rue Bourhan Bey) bietet saubere aber sehr schlichte Zimmer für um die 7000 DJF an. Eine

Moschee befindet sich in unmittelbarer Nachbarschaft, weshalb es hier zu Gebetszeiten sehr laut werden kann.

Im mittleren Preissegment sind die Auberge Le Héron (Rue de l'Imam Hassan Abdallah Mohamed), das Hotel Alia (Rue Mohamed Dileita Chehem), das Hotel Menelik (Place du 27 Juin 1977) und die Résidence de l'Europe (Place du 27 Juin 1977) zu empfehlen. Das Hotel Alia hat ein sehr gutes Restaurant mit jemenitischen Speisen. Die Auberge Le Héron bietet ihren Gästen einen kostenlosen Shuttleservice zum Stadtzentrum an. Die Doppelzimmer in diesen vier Hotels kosten jeweils mit Frühstück zwischen 15.000 und 19.000 DJF (75-95€).

Wer zwischen 30.000 und 70.000 DJF für eine Übernachtung im Doppelzimmer ausgeben will, kann dies im Royal Plaza Hotel (Boulevard Bonhoure), im Djibouti Palace Kempinski (Ilot du Héron), im Atlantic Hotel (Rue de Rome) oder im Sheraton Djibouti Hotel (Plateau du Serpent) tun. Das Sheraton und das Kempinski verfügen je über einen eigenen Strandabschnitt.

Umgebung von Dschibuti Stadt

Decan ist kein Zoo, sondern eine Art **Wildtierreservat**. Es liegt etwa zehn Kilometer südlich der Hauptstadt und eignet sich für einen Halbtagsausflug. In dem von einem französischen Veteranen betriebenen kleinen Wildtierreservat werden zahlreiche **gestrandete Tiere wieder aufgepäppelt**. Es handelt sich um Tiere, die einen Unfall hatten oder beschlagnahmt wurden, weil jemand sie illegal ins Ausland verschiffen wollte. So sind hier Geparden, somalische Esel, Löwen, Strauße, Schildkröten, Wildschweine, Antilopen, Kudus und Eichhörnchen gelandet. Es gibt Pläne das Areal deutlich zu vergrößern und ein **Vogelschutzgebiet** mit einzubeziehen. Die einzige Möglichkeit, nach Decan zu kommen, ist aktuell per Taxi, das um die 3.000 DJF kostet. Der Eintritt in das Schutzgebiet kostet 2.000 DJF. Der Park ist von Oktober bis Mai montags, donnerstags, freitags und samstags von 15:30 bis 19:30 Uhr geöffnet und von Juni bis September ebenfalls nur an diesen vier Wochentagen von 16:30 bis 19:30 Uhr geöffnet. Die **Fütterung der Raubkatzen** findet gegen 17 Uhr statt.

Grand Bara und Petit Bara

Grand Bara ist auch unter dem Namen Bara Wein oder Bada Wein bekannt. Es handelt sich um eine etwa 100 Quadratkilometer große Wüstenlandschaft südöstlich von Dschibuti Stadt nicht weit von Ali Sabieh entfernt. Um die 80 Kilometer dorthin zurückzulegen, braucht man etwa eineinhalb Stunden. Bevor die Franzosen nach Dschibuti kamen, lebten hier einige Nomaden vom Volk der

Issa. 1981 wurde eine Straße gebaut, die Grand Bara und auch Petit Bara durchquert. Es ist heute also leicht, sich die semiaride sandige Ebene anzusehen. Sowohl Grand Bara als auch Petit Bara waren einst Seen. In der **Regenzeit** sammelt sich hier manchmal Regenwasser, denn die lehmige Erde lässt das Wasser nur langsam versickern. In den Sommermonaten zwischen Juli und September kommt es immer wieder zu Flutungen der Ebenen, während das Thermometer regelmäßig über die 40°C Marke steigt. Diese extremen klimatischen Bedingungen schränken Flora und Fauna stark ein. Auf den **Ebenen der getrockneten Seen** wachsen Wüstengräser. Es gibt einige Antilopen, Dikdiks, Gazellen und Wüstenrennmäuse, die sich von dieser spärlichen Vegetation ernähren. Noch wenige Oryx Gazellen sind zu finden.

Auf der Ebene des Grand Barra werden Touren mit sogenannten Wüstensegeln angeboten. Es handelt sich um eine Art Surfboard, das auf Rädern fährt und vom Wind über die Ebene geblasen wird. Ein rasantes Abenteuer.

Abbé See

Auch die Landschaft rund um den Abbé See ist imposant und einmalig. Dieser See befindet sich etwa 150 Kilometer westlich von Dschibuti Stadt. Er liegt halb auf dem Staatsgebiet Dschibutis und halb in Äthiopien. Etwa ein Drittel der Fläche von

340 Quadratkilometern gehört zu Dschibuti. Auch der Abbé See hat keinen Abfluss. In ihn mündet der **Awash**, der aus Äthiopien kommt. Der Abbé See ist der letzte von einer Reihe von sechs Seen, die durch den Awash verbunden sind. Die anderen fünf Seen der Reihe befinden sich in Äthiopien. Der Abbé See bildet den Mit**telpunkt der Afar-Senke**, wo drei Kontinentalplatten aufeinander treffen.

Die Gegend um den Abbé See ist eines der am schlechtesten zugänglichen Gebiete der Erde. Man muss ein geländegängiges Fahrzeug haben. Von Dikhil aus sind es mehr als drei Stunden bis man schließlich den See erkennen kann. Die Mühe lohnt sich aber auf jeden Fall. Das Gelände um den See hat sich in den vergangenen Jahrtausenden um etwa 100 Meter durch den **Druck der Kontinentalplatten** nach oben gedrückt. Dadurch sind heute **Kalksteinkegel oder -kamine**, die durch Thermalquellen wie Kamine unter Wasser entstanden sind, an der Oberfläche sichtbar. Manche sind bis zu 60 Meter hoch. Es gibt Hunderte von ihnen, die die Landschaft bizarr und wie auf einem fremden Planeten erscheinen lassen. Die Szenerie scheint ideal, um einen Science Fiction Film hier zu drehen. An manchen Stellen treten Fumarolen aus der Erde und es riecht stark nach Schwefel. Viele kleine Rinnsale und Wasserbecken durchziehen die Landschaft. An den Becken ist besondere Vorsicht geboten, denn das Wasser darin ist teils kochend heiß und die Ufer oft glitschig von Schlamm.

Trotz ihrer **Unwirtlichkeit** ist die Region um den Abbé See **nicht unbewohnt**. Einige Nomadenfamilien leben hier. Sie bekommen Wasser aus den mineralhaltigen Thermalquellen und weiden ihre Kamele und Ziegen auf den wüstenartigen Flächen, wo ein paar Sträucher wachsen. Am Abbé See leben **Flamingos**. Am tiefsten Punkt ist der See weniger als neun Meter tief. Wegen der morastigen Ufer, die bereits mehrere hundert Meter vor dem eigentlichen See beginnen, ist es fast das ganze Jahr über schwer, sich dem See zu nähern. Die meisten Besucher bleiben einfach in der Landschaft der Quellen und Kalksteinkamine, ohne das eigentliche Seeufer zu betreten.

Besonders beliebt sind **Sonnenaufgang und Sonnenuntergang** am Abbé See. Auch tagsüber ist die Landschaft faszinierend. Es kann aber sehr heiß werden. Viele Besucher entscheiden sich dafür, am Nachmittag zu kommen, in der **Mondlandschaft** zu campen und am nächsten Morgen nach dem Sonnenaufgang wieder zu fahren. Es ist unerlässlich, einen Guide mit Geländewagen für die Tour zu buchen. Es wird dringend davon abgeraten, die Tour auf eigene Faust zu unternehmen, weil man ortskundig sein muss, um den Treibsand zu vermeiden. Zudem kennen die Guides einfach die besten Fotospots und wissen, welche der Kalksteinkegel man gefahrlos erklimmen kann und welche besser nicht. Auf keinen Fall Wasser und Sonnencreme vergessen!

Wer nicht campen will, hat genau eine Übernachtungsmöglichkeit und zwar das Campement touristique d'Absoley. Hier gibt es traditionelle Hütten mit Gemeinschaftsbädern und Vollpension sowie einem geführten Spaziergang durch die Kalksteinformationen für 21.000 DJF pro Person. Der Blick von diesem Camp aus ist wunderschön. Die sanitären Einrichtungen sind sehr einfach aber sauber.

Heiße Quelle am Abbé See mit den Kalksteinformationen im Hintergrund

Les Allols

Die Depression Les Allols ist nicht so bekannt wie der Assal See oder der Abbé See. Trotzdem gehört dieses Fleckchen Erde zu den spektakulärsten Naturschönheiten am Horn von Afrika. Man sieht hier eine Landschaft, die von Verwerfungen, Erdfalten, **Salzpfannen**, schwarzen Felsen und Lavaformationen geprägt ist. Am Eingang der Les Allols **Depression** gibt es eine Art Oase, die bewohnt ist. Das Gebiet an sich erlebt man am besten auf einer Wanderung quer durch die Landschaft oder eben in einem Geländewagen. Der Touranbieter Agence Safar in Dschibuti Stadt hat Touren zur Les Allols Depression im Programm, auf Wunsch auch in Kombination mit dem Abbé See.

Dikhil

Die Stadt Dikhil hat etwa 20.000 Einwohner und befindet sich auf einer Höhe von 500 Metern in einer Depression etwa 120 Kilometer südwestlich von Dschibuti Stadt. Es gibt ein Krankenhaus, vier Grundschulen und eine weiterführende Schule. Dikhil ist über eine schlecht asphaltierte Straße sowohl mit der Hauptstadt als auch mit Galafi an der Grenze zu Äthiopien verbunden. Die Fahrt von Dschibuti Stadt aus dauert etwa zwei Stunden.
Die Menschen in Dikhil leben hauptsächlich vom Gemüseanbau oder arbeiten im Tourismus, der

hier aber kaum entwickelt ist. Etwa 6.000 Touristen kommen jedes Jahr, meist auf der Durchreise zum Abbé See, nach Dikhil. Es ist die letzte Gelegenheit um vor dem Aufenthalt am See noch einmal etwas zu essen zu kaufen. Zu den Hauptattraktionen der Stadt gehören ein **kleines Fort**, das 1920 von den Franzosen errichtet wurde und das noch recht gut erhalten ist, ein Monument auf der Place Bernard, welches an Albert Bernard erinnert, der hier mit seinen Milizen im Januar 1935 im Kampf ums Leben kam und ein wenig spektakulärer Palmengarten.

Die Hauptstraße von Dikhil ist mehr oder weniger asphaltiert, von tausenden LKWs am Tag frequentiert und von Autowracks gesäumt. Außerhalb der Stadt türmen sich riesige **Müllberge** auf und auch der Fluss, der Dikhil durchquert, ist vor lauter Müll kaum erkennbar.

Hauptstraße von Dikhil

Ali Sabieh

Die Stadt Ali Sabieh liegt etwa 90 Kilometer südöstlich von Dschibuti Stadt. Von hier aus sind es
nur 10 Kilometer bis zur äthiopischen Grenze im
Süden (**Grenzübergang Galileh**).

Ali Sabieh ist die einzige größere Stadt, die in dem
Gebiet liegt, das fast ausschließlich von **Issa** bewohnt ist. Während Dschibuti Stadt und Dikhil
von beiden Volksgruppen bewohnt werden, sind
eigentlich alle anderen Städte im Land mehrheitlich Afar. Ali Sabieh hat etwa 50.000 Einwohner
und liegt in einem Tal auf **750 Höhenmetern** in
einer eher bergigen Region. Das Klima ist hier aufgrund der Höhe deutlich milder als in Dschibuti
Stadt und den anderen Küstenstädten.

Der Grundriss von Ali Sabieh folgt keiner geomet-
rischen Ordnung. Die Stadt wirkt natürlich ge-
wachsen. Die meisten Gebäude sind eingeschossig
und bestehen fast alle aus Beton. In den Außenbe-
zirken sieht man viele Hütten aus Blech, Holz und
Plastikfolien.

Östlich von Ali Sabieh erstreckt sich eine **Grassa-
vanne**, in der einige Wildtiere zu Hause sind. Mit
etwas Glück sieht man hier Schakale, Gazellen,
Füchse, Paviane und verschiedene Vogelarten. Die
Tiere der Nomaden weiden ebenfalls hier.

Neben dem Grand Barra und dem Petit Barra, die
in der Nähe von Ali Sabieh liegen, bietet sie die
zweitgrößte Stadt des Landes an für Ausflüge zum
Mont Arrey und zur Il Jano Quelle. Beide Ziele

sind am besten über eine Wanderung zu erreichen. Die **Il Jano Quelle** wird mittlerweile genutzt, um Trinkwasser in Flaschen abzufüllen und die gesamte Region zu versorgen. Das Wasser wird auch nach Eritrea und Somaliland exportiert. Innerhalb der Stadt Ali Sabieh bestehen die wichtigsten Sehenswürdigkeiten aus den sogenannten **Kolonialhäuser**, die mit **Korallenkalk** angestrichen sind und aus dem 19. Jahrhundertstammen sowie aus den Kasematten aus der Zeit des Zweiten Weltkrieges.

In Ali Sabieh gibt es drei Hotels und eine kleine Herberge.

Assamo

Assamo liegt etwa 27 Kilometer von Ali Sabieh entfernt an der Straße nach Ali Addé. Die Strecke kann nur mit einem Geländewagen mit **Allradantrieb** befahren werden. Links und rechts der Straße, die mehrere Wadis durchquert erheben sich Berge von 900 bis 1.200 Metern Höhe. Der Mont Dardin ist zum Beispiel 1.070 Meter hoch und der Mont Array 1.292 Meter. Eindrucksvoll ist hier die felsige und sehr trockene Landschaft. Zwischen den Felsen im Wadi Assamo steht schließlich irgendwann das kleine Fort von Assamo, das noch immer ein **Grenzposten** ist. Seine Wände sind weiß gestrichen und es beherbergt noch immer einige dschibutische Soldaten. Daher kann man als Tourist das Fort auch nicht betreten.

Interessant ist dieser Ausflug eher wegen der **eindrucksvollen Berglandschaft**. Es handelt sich wahrscheinlich um eine der entlegensten Gegenden des Landes, das ohnehin recht dünn besiedelt ist. Hier fühlt man sich wirklich wie am Ende der Welt. In den **Wadis und Tälern** kann man aber überall die **kleinen Gärten** sehen, die Nomaden und Sesshafte Bewohner angelegt haben. Nicht alle Bewohner der Gegend sind dschibutische Staatsbürger, denn insbesondere die **Nomadenfamilien** interessieren sich nicht für Staatsgrenzen. Sie ziehen einfach dorthin, wo es Wasser und Grün für ihre Tiere gibt.

In Assamo besteht eine kleine Touristenherberge mit einfacher Ausstattung. Sie besteht aus Hütten und Gemeinschaftstoiletten sowie Duschen.

Arta

Die Region um Arta ist klimatisch gesehen eher mild, verglichen mit den Salzpfannen und der Hauptstadt. Arta liegt auf etwa 750 Höhenmetern etwa 40 Kilometer westlich von Dschibuti Stadt und zehn Kilometer vom Roten Meer entfernt.

Arta ist die Hauptstadt der Region Arta und hat etwa 10.000 Einwohner.

An den Wochenenden kommen viele Hauptstädter nach Arta, um das **kühlere Klima** zu genießen. Im Winter kann es hier bis zu 10 Grad kühl werden. In Arta gibt es eine seismische Messstation.

Wasserlieferant in Arta

Die Stadt Arta ist einige hundert Jahre alt und wurde im Mittelalter von den Sultanen Ifat und Adal beherrscht. Es war später Teil des französischen Somaliland und spielte in der Auseinandersetzung zwischen französischen und britischen Truppen um die **Kolonialherrschaft** eine Rolle. Die französischen Kolonialherren mochten die Stadt wegen ihres vergleichsweise milden Klimas und bauten hier einige Häuser. 1963 wurde hier zwischen den Afar und Issa die **Deklaration von Arta** unterzeichnet, in der sich Dschibuti für einen

Verbleib unter französischer Protektion und gegen den Anschluss an die bereits unabhängigen Nachbarländer Somalia und Äthiopien aussprach.

Die Region Arta verfügt über einige schöne **Badestrände**, die jedoch nicht mit Sanitäranlagen oder anderen Annehmlichkeiten versehen sind. Hier besteht die Möglichkeit, zu **tauchen**. Die Unterwasserwelt ist wunderschön, man muss sich jedoch sein Equipment selbst mitbringen oder es bei einem Touranbieter in Dschibuti Stadt vorbestellen. Auch vor der Küste der Region Arta sind zwischen November und Januar **Walhaie** zu sehen.

Blick aufs Rote Meer, Golf von Tadjoura

Praktische Tipps

Der Flughafen von Dschibuti Stadt heißt Ambouli Airport und wird von Air Djibouti, Air France, Quatar Airways, Kenya Airways, Fly Dubai, Ethiopian Airlines, Daallo, Jubba Airways und Turkish Airlines angeflogen. Von Deutschland aus gibt es zum Beispiel Verbindungen von Berlin, Frankfurt, München, Stuttgart und Düsseldorf über Istanbul, Dubai, Addis Abeba, Dubai, Nairobi und Paris, wobei die Reisezeit **zwischen 9 und 15 Stunden** dauert, je nach Verbindung. Direktflüge gibt es zurzeit nicht.

Die Anreise über Land ist von Äthiopien oder Somalia aus möglich. Die Grenze zwischen Dschibuti und Eritrea ist für Touristen nicht passierbar. Von Äthiopien aus gibt es zwei Grenzübergänge: **Galafi und Galileh**. Die Reise von Dire Dara in Äthiopien über Galileh bis nach Dschibuti Stadt dauert insgesamt zwischen sechs und acht Stunden. Die Straße hier ist gut ausgebaut. Die Anfahrt von Semera in Äthiopien über den Grenzübergang Galafi ist deutlich beschwerlicher, weil die Strecke sich noch im Ausbau befindet. Die Arbeiten durch eine japanische Firma haben Mitte 2019 begonnen. Von Addis Abeba kann man seit 2017 auch **mit dem Zug** nach Dschibuti einreisen.

Von Somalia aus kann man zum Beispiel von Borama oder Hargeisa aus nach Dschibuti Stadt fahren. Für diese acht bis neunstündige Reise ist jedoch ein Geländewagen erforderlich.

Visum

Für Reisende aus Europa ist es möglich, bei der Ankunft am Flughafen in Dschibuti Stadt ein ‚Visa on Arrival' zu erhalten. Dieses gilt jedoch nur für die einmalige Einreise. Damit dieses ‚**Visa on Arrival**' erteilt werden kann, ist eine Einladung von einer Agentur oder einem Hotel aus Dschibuti (Buchungsbestätigung reicht aus) erforderlich. Jeder, der eine organisierte Reise nach Dschibuti bucht, erhält dieses Einladungsschreiben oder die Buchungsbestätigung von der ausführenden Reiseagentur. Wer mehrfach nach Dschibuti einreisen will oder über den Landweg, zum Beispiel von Äthiopien aus, nach Dschibuti einreisen will, der muss **im Voraus ein Visum** bei einer dschibutischen Botschaft oder online einholen.
Die Online Prozedur ist neu und erst seit Anfang 2019 eingerichtet. Auf der Seite www.e-visa.gouv.dj kann jeder einen Antrag stellen, seine Reisebuchung, Hotelbuchung, Einladungsschreiben und Flugbuchung sowie den Scan des Reisepasses und eines Passfotos hochladen. Die Seite gibt an, dass die Antwort innerhalb von 72 Stun-

den erteilt wird. Es kann jedoch bis zu drei Wochen dauern, bis das Visum erteilt wird. Die E-Visa-Prozedur kostet 12 US-Dollar pro Person. Das Visum wird für die einmalige Einreise für 45 Tage erteilt. Das **Bestätigungsschreiben** muss mit nach Dschibuti gebracht werden und dem Zollbeamten gemeinsam mit dem Reisepass vorgelegt werden. Theoretisch ist es auch möglich, mit dem E-Visum über Land einzureisen, es wurde jedoch mehrfach berichtet, dass Reisende dabei enorme Probleme erlebt haben und dass sogar die Einreise verweigert wurde. Es scheinen noch nicht alle Beamten von dem neuen **E-Visum** zu wissen. Wer auf Nummer Sicher gehen will, beantragt das Visum am besten über die Botschaft auf dem herkömmlichen Weg (Stand Herbst 2019).

Bei der Prozedur über die dschibutische Botschaft in Berlin werden dieselben Dokumente verlangt, jedoch mit einem Originalpassfoto und dem Originalreisepass. Der Reisepass muss für die Erteilung eines Visums für Dschibuti noch mindestens 6 Monate gültig sein.

Impfungen

Für die Einreise nach Dschibuti sind keine Impfungen zwingend vorgeschrieben. Reisenden wird empfohlen, den gängigen Impfschutz gegen Hepatitis A und B, Diphterie, Kinderlähmung, Tetanus und Keuchhusten zu überprüfen.

Wer einen längeren Aufenthalt plant oder befürchten muss, dass er mit verschmutztem Wasser und kontaminierten Lebensmitteln in Kontakt kommt, für den kann unter Umständen auch eine Impfung gegen **Cholera und Typhus** sinnvoll sein. Die Meningokokken-Meningitis kommt in Dschibuti ebenfalls vor.

Eine **Malariaprophylaxe** ist für Reisen nach Dschibuti empfehlenswert. Das Risiko ist das ganze Jahr über auch in den Städten recht hoch und Malaria ist weit verbreitet. Mehr als 90% der Erreger verursachen die gefährlichere Malaria tropica, etwa 10% die Malaria tertiana. Dies gilt vor allem für die **Regenzeiten** sowie die Periode nach den Regenzeiten. In der Trockenzeit gibt es vor allem in den Wüsten und an den Salzseen kaum Moskitos, weil diese kein Süßwasser zum brüten finden. Es kann sein, dass die Beamten beim Grenzübertritt nach einem Zertifikat über eine Gelbfieberimpfung fragen. Diese ist zwar offiziell nicht vorgeschrieben. Es schadet jedoch nicht, eine Kopie des Zertifikats mit sich zu führen.

Ärztliche Versorgung

Die gesundheitliche Versorgung ist innerhalb des Landes sehr unterschiedlich. Während es in der **Hauptstadt** einige gut ausgebildete Ärzte und Zahnärzte gibt, ist die Versorgung mit Ärzten auf dem Land **schlecht bis nicht vorhanden**. Oft sind weder Medikamente noch desinfizierte Werkzeuge verfügbar. Das **Risiko einer Ansteckung mit Hepatitis B oder HIV** ist bei Arztpraxen auf dem Land leider vorhanden.

Patienten müssen ihre Arzneien in der Regel in einer Apotheke selbst kaufen, auch wenn zum Beispiel in einem Krankenhaus eine Infusion gelegt werden soll.

Es gibt öffentliche, private und karitative Krankenhäuser. Die **öffentlichen Krankenhäuser** sind nicht teuer, aber auch veraltet und überlastet. Karitative Krankenhäuser werden von Spenden finanziert und sind teilweise recht gut ausgestattet. **Private Krankenhäuser** sind gut und oft sehr teuer.

Apotheken gibt es fast in jeder Stadt. In Dschibuti Stadt sind sie meist gut mit französischen Medikamenten ausgestattet, die jeder kaufen kann, egal ob mit oder ohne Rezept. Falls Sie bestimmte Medikamente benötigen, bringen Sie diese auf jeden Fall von Zuhause mit, weil Sie nicht sicher sein können, dass es dasselbe Medikament in Dschibuti gibt.

Verhaltensregeln und Umgangsformen

Dschibuti ist mehrheitlich ein muslimisches Land. Sowohl die Issa als auch die Afar, welche zusammen mehr als 90% der Bevölkerung stellen, sind

Muslime. Daher ist der Dresscode etwas konservativer als in Europa. Verschleierung wird jedoch nur in Moscheen verlangt.

Auf den Straßen sehen Sie fast keine Frauen ohne **Schleier**. Die Schleier sind jedoch meist sehr farbenfroh.

Beim Betreten einer Wohnung werden, wie auch in der Moschee, **die Schuhe ausgezogen**. Ein kleines Gastgeschenk gilt als höflich, wenn man bei Privatmenschen eingeladen ist.

Die Begrüßung ist eher zurückhaltend. Nur Männer, die sich gut kennen, umarmen sich bei der Begrüßung. Frauen tun dies nur, wenn sie unter sich sind. Es kann sein, dass Männer fremden Frauen nicht die Hand reichen. Dies hat mit den Gepflogenheiten zu tun, die der Islam seit vielen Jahrhunderten vorschreibt.

Vorsichtsmaßnahmen

Drogenbesitz und -gebrauch sind **streng verboten** in Dschibuti. Die einzige Ausnahme bildet Khat. Um nicht in ernsthafte Schwierigkeiten mit dem Gesetz zu geraten, sollte man auf jegliche Art von Drogen verzichten und auf keinen Fall versuchen, etwas ins Land zu bringen.

Polizisten in Dschibuti sind in der Regel sehr höflich und stellen keinerlei Bedrohung für Reisende dar. Es kommt immer wieder vor, dass die Papiere von Ausländern erfragt und kontrolliert werden.

Dabei muss man etwas Geduld aufbringen. Wer seiner Ungeduld und seinem Ärger Ausdruck verleiht, wartet meist nur noch länger.

Homosexualität ist in Dschibuti zwar nicht per Gesetz verboten, wie das in anderen afrikanischen Staaten leider der Fall ist, aber die **Akzeptanz** für gleichgeschlechtliche Partnerschaften ist traditionell und aus religiöser Sicht heraus praktisch **gleich null**. Das Thema ist ein absolutes Tabu und daher gibt es auch keine „Szene". Natürlich gibt es Homosexuelle in Dschibuti. Diese zeigen dies aber nie offen. Homosexuellen Reisenden wird dazu geraten, sich unauffällig zu verhalten.

Dschibuti ist, verglichen mit anderen afrikanischen Staaten, ein sehr sicheres Land. Das liegt auch an der starken **internationalen Militärpräsenz**. Es kommt nur sehr selten vor, dass sich Kriminalität gezielt gegen Touristen richtet. In der Regel wird davon abgeraten, sich alleine in das Viertel südlich des Les Caisses Marktes zu begeben. Wenn Kriminalität vorkommt, dann meist hier. Taschendiebe gibt es natürlich aber auch in Dschibuti, daher sollte man vor allem dort vorsichtig sein, wo viele Menschen unterwegs sind und Gedränge herrscht. Außerhalb der Hauptstadt wird so gut wie nie von Vorkommnissen oder Diebstählen berichtet. Das Hinterland ist weitgehend friedlich, was auch daran liegt, dass es so dünn besiedelt ist.

Für **Reisende mit Behinderungen** ist Dschibuti ein **schwieriges Reiseziel**. Gehwege sind oft sehr uneben und es gibt so gut wie nirgends Rampen, Hilfen für Blinde oder Ähnliches. In einigen wenigen der sehr noblen Hotels in Dschibuti Stadt sind Rampen und Geländer angebracht, aber außerhalb der Hauptstadt ist es ungeheuer schwierig, mit einer Gehhilfe voran zu kommen.

In Dschibuti kommen verschiedene Infektionserkrankungen vor. Mit Amöbenruhr, Bakterienruhr, Cholera und Typhus müssen Touristen, die in Hotels übernachten und gekochte Lebensmittel essen sowie auf Leitungswasser verzichten, eigentlich nicht rechnen. **Darminfektionen** können trotz aller Vorsicht vorkommen und werden meist durch Nahrungsmittel übertragen. Achten Sie also immer darauf, keinen Salat, keine ungeschälten Früchte und kein rohes Fleisch oder Mayonnaise zu essen. Trinken Sie ausschließlich Wasser aus Flaschen und putzen Sie sich am besten auch die Zähle mit Wasser aus der Flasche. Prüfen Sie die Flaschen vor dem Öffnen, ob sie auch korrekt verschlossen sind.

Besondere Vorsicht ist bei Sexualkontakten mit Einheimischen zu wahren, weil **HIV** verbreiteter ist als in Europa. Die Infektionsrate liegt mit 1,5% zwar deutlich unter dem Durchschnitt Afrikas, man sollte sich aber stets schützen.

Dengue-Fieber und Malaria kommen in Dschibuti häufig vor. Der Schutz vor Mückenstichen ist also essentiell. Wählen Sie leichte, lange, helle Kleidung und schlafen Sie immer unter einem Moskitonetz. Benutzen Sie ein zuverlässiges Insektenschutzmittel mit mindestens 40% DEET. Zeckenbissfieber kann dadurch ebenfalls vermieden werden.

Eine **Malariaprophylaxe** (Malarone oder ein Generikum) ist angeraten.

Schützen Sie sich vor der **Sonne und der Hitze**. Nehmen Sie immer ausreichend Wasser mit, vor allem, wenn Sie Ausflüge ins Hinterland unternehmen. Hier ist es ganzjährig sonnig und heiß. Zudem sind die Regionen zum Beispiel um den Assalsee kaum besiedelt und es gibt hier **kein Wasser zu kaufen**. Sonnenschutzcreme und Hüte sowie Sonnenbrillen sind wichtig, um sich vor einem **Hitzschlag**, Sonnenbrand und anderen Auswirkungen der Sonne zu schützen.

Die Region rund um Dschibuti hat in den vergangenen Jahren und Jahrzehnten viele Konflikte gesehen. In Somalia herrschen Terror und Bürgerkrieg, was einerseits dazu führt, dass es viele Flüchtlinge in Dschibuti gibt, andererseits aber auch ein gewisses Terrorrisiko nach Dschibuti bringt. Im Mai 2014 gab es zum Beispiel einen Bombenanschlag auf ein Restaurant in Dschibuti Stadt, bei dem drei Menschen ums Leben kamen. Eine **somalische Terrororganisation** bekannte sich zu dem Anschlag. Es gab und gibt noch immer Grenzstreitigkeiten zwischen Dschibuti und Eritrea, weshalb Touristen davon **abgeraten** wird, sich in die **Grenzregion** zu begeben. Es gibt dort noch mehrere **verminte Gebiete**, die nicht als Gefahrenzone gekennzeichnet sind.

Aus der lokalen Politik und gesellschaftlichen Auseinandersetzungen sollte man sich als Tourist heraushalten. Das bedeutet vor allem, große Menschenmengen und politische Kundgebungen zu meiden.

Wie in allen Städten der Welt gibt es auch in Dschibuti Stadt Taschendiebe. Touristen wird dazu geraten, Wertgegenstände nicht öffentlich zur Schau zu tragen und einfach vorsichtig zu sein. Am besten meidet man verlassene Stadtviertel nach Einbruch der Dämmerung. Im Großen und Ganzen ist die Kriminalität in Dschibuti eher gering.

Eine der Hauptbedrohungen in Dschibuti ist die **Piraterie**. Überfälle auf alle Arten von Schiffen kommen regelmäßig im Golf von Aden vor.

Transport

Die große Mehrheit aller Touristen bewegt sich in Dschibuti mit dem **Geländewagen**. Es gibt zwar eine Bahnlinie zwischen Dschibuti Stadt und Addis Abeba, die aber bisher hauptsächlich für Güterzüge genutzt wird. Es ist einfach, einen Wagen mit Fahrer zu mieten. Es gibt mehrere Anbieter in der Stadt aber auch online schon vor der Reise.

Wer sich in die Wüsten- und Bergregionen begibt, wählt am besten ein Fahrzeug mit **Allradantrieb**. Die Strecke zwischen Dschibuti Stadt und Tadjoura ist recht gut. Viele der sonstigen Straßen sind nicht asphaltiert und daher vor allem bei Nacht gefährlich. Zudem besteht abseits der Straßen vereinzelt Minengefahr. Ein **erfahrener Fahrer** ist also sehr wertvoll.

Es gibt ein Busnetz in Dschibuti, das eigentlich alle Städte und Orte zumindest mit der Hauptstadt, teilweise auch untereinander, verbindet. Allerdings gibt es für diese Busse keinen Fahrplan und keine Abfahrtzeiten.

In der Stadt kann man auch mit dem Taxi auskommen, man muss sich allerdings bewusst sein, dass **Taxifahrer** gerne einen höheren Preis nennen, wenn sie einen Touristen befördern. Daher ist es wichtig, sich vorher über die Preise zu informieren und mit jedem Fahrer vor der Fahrt einen Preis auszuhandeln. Zudem gibt es in Dschibuti Stadt Minibusse, die die Stadtteile miteinander verbinden. Diese sind günstiger als Taxis, aber oft vollgestopft mit Fahrgästen.

Von Dschibuti Stadt aus kann man auch mit **Fähren** nach Tadjoura und Obock fahren. Bei touristischen Reisen wird diese Möglichkeit allerdings selten auf dem Programm zu finden sein, weil Piraten die Gewässer vor der Küste unsicher machen.

Es ist theoretisch möglich, in Dschibuti einen Mietwagen zu nehmen. Ein Versicherungsnachweis wird nicht gefordert. Ein **internationaler Führerschein** wird jedoch benötigt. Halten Sie sich streng an die geltenden Verkehrsregeln. In Ortschaften liegt die Höchstgeschwindigkeit bei 50km/h, auf Landstraßen bei 80km/h. Die Promillegrenze ist bei 0,0 festgelegt. Es kommt vor, dass **Verkehrssünder verhaftet** werden.

Inlandflüge gibt es in Dschibuti nicht. Fährverbindungen gibt es zwischen Dschibuti Stadt und Tadjoura sowie zwischen Dschibuti Stadt und Obock zweimal in der Woche. Busverbindungen gibt es zwischen Dschibuti Stadt und Tadjoura, Obock, Dikhil und Galafi. Sie sind günstig aber unbequem und brauchen viel Zeit. Die meisten Reisenden vertrauen ihren Touranbietern und lassen sich in **Geländewagen oder kleineren Reisebussen** umherfahren. Dies ist die bequemste und sicherste Art zu Reisen für Touristen. Wer auf eigene Faust ein Fahrzeug mieten will, kann dies in Dschibuti Stadt bei lokalen Agenturen tun. Ein Fahrzeug mit Fahrer kostet in der Regel um die 25.000 DJF pro Tag, wobei oft das Benzin zusätzlich berechnet wird.

Unterkünfte

Während es in der Hauptstadt zahlreiche Unterkünfte in verschiedenen Preisklassen gibt, sind die Übernachtungsmöglichkeiten im Rest des Landes sehr beschränkt. Die Hotels sind in der Regel entweder recht gut und teuer oder eher einfach und preiswert. Im mittleren Preissegment gibt es deutlich weniger Auswahl. Eine besondere Art der Unterkunft sind die **Campements touristiques**, die sich an mehreren Touristenattraktionen gebildet haben. Meist handelt es sich bei diesen sogenannten Touristencamps um Einrichtungen mit kleinen **traditionellen Hütten, einem Sanitärblock** mit Duschen und WCs und einem einfachen Restaurant. Die Camps sind Familienbetriebe und man kann sich hier sicher sein, dass das Geld, das man ausgibt, direkt in der Dorfgemeinschaft ankommt.

Kommunikation und Internet

In **Dschibuti Stadt** gibt es einige wenige Internetcafés, in denen man einen der Computer nutzen kann. Außerhalb der Hauptstadt sind solche Angebote jedoch nicht zu finden. In Dschibuti Stadt gibt es in vielen Hotels **WLAN**, das auch in den meisten Fällen im Zimmerpreis inbegriffen ist. Die Verbindungen sind besser als in vielen anderen afrikanischen Ländern. Außerhalb der Hauptstadt ist auch das Angebot von WLAN eher schlecht und man muss etwas Glück haben, um ein Hotel mit guter Verbindung zu erwischen.

Um eine Nummer in Dschibuti aus dem Ausland anzurufen, braucht man den **Ländercode +253**, der dann von einer zehnstelligen Nummer gefolgt wird. Regionenspezifische Vorwahlen gibt es aufgrund der Übersichtlichkeit des Landes nicht. Festnetznummern beginnen mit 21 oder mit 27. Mobiltelefonnummern beginnen mit 77. In Dschibuti Stadt gibt es in den Postämtern oder in den zahlreichen kleinen Telefonshops die Möglichkeit, zu telefonieren. Wer sein Mobiltelefon nutzen will, sollte sich vorher bei seinem Anbieter über die Gebühren informieren, die dabei anfallen. Sie können sehr hoch sein, weil das kleine Dschibuti nur selten zu den üblichen Roamingpartnern gehört. Je nachdem, welchen Provider man zu Hause hat, kann es auch sein, dass es in Dschibuti überhaupt keine Partneragentur gibt und dass das Mobiltelefon daher nicht funktioniert. In diesem Fall lohnt es sich, eine **lokale Simkarte** zu besorgen. Diese sind ab 10.000 DJF erhältlich und können in alle Telefone ohne Simlock eingelegt werden. Zum Aufladen werden in vielen kleinen Shops Rubbelkarten für 500 oder für 5.000 DJF angeboten. Die **Netzabdeckung** ist im gesamten Land **recht gut**.

Elektrizität

In Dschibuti sind 220 Volt mit 60 Hertz Gleich-strom verfügbar. Die Steckdosen sehen in den meisten Fällen aus wie die **europäischen** und ha-ben zwei runde Löcher (wie in Frankreich). Für Reisende aus Europa ist also kein Adapter erfor-derlich.

Feiertage

1. Januar: Neujahr
1. Mai: Tag der Arbeit
27. und 28. Juni: Unabhängigkeitstag

Zudem werden Ramadan, Moloud (Geburtstag des Propheten), El-am-Hejir (Islamisches Neujahr), Eid al-Fitr (Zuckerfest am Ende des Ramadan) und Eid al-Adha (Opferfest) gefeiert.
Die Daten für die islamischen Feiertage werden nach dem Mondkalender berechnet und verschie-ben sich deshalb jedes Jahr. Während des Fasten-monats **Ramadan**, der dem Festtag Eid al-Fitr vo-rangeht, essen Muslime nicht während des Tages, sondern erst nach Sonnenuntergang. Viele Restau-rants sind deshalb tagsüber geschlossen. Die Feste Eid al-Fitr und Eid al-Adha dauern je nach Region 2-10 Tage. Der wöchentliche Ruhetag ist der Frei-tag.

Die Daten des Ramadan sind in den kommenden Jahren folgende:
2020: 24. April bis 23. Mai
2021: 13. April bis 13. Mai
2022: 2. April bis 2. Mai
2023: 23. März bis 21. April
2024: 11. März bis 10. April

Zeitzone

Dschibuti liegt in der Zeitzone GMT +3. Wenn es in Deutschland 12 Uhr mittags ist, ist es in Dschibuti also bereits 14 Uhr. Dies ändert sich im Sommer, denn Dschibuti stellt **nicht auf Sommerzeit** um. Der Unterschied beträgt im Sommer eine statt zwei Stunden.

Geld und Reisekasse

Die Währung in Dschibuti ist der **Dschibuti Franc**. Er wird mit DJF abgekürzt. In Dschibuti wird fast ausschließlich mit Bargeld gezahlt. Es gibt einige Geldautomaten in der Hauptstadt, aber außerhalb nur selten. Tadjoura verfügt über eine Bank mit Geldautomat, der aber unzuverlässig und oft außer Betrieb ist. In Dschibuti Stadt werden in einigen teuren Restaurants und Hotels Kreditkarten akzeptiert. Außerhalb der Hauptstadt kann man damit jedoch nicht rechnen. Es ist also wichtig, sich in Dschibuti Stadt mit Bargeld zu versorgen. Am Flughafen und in den Banken kann **Bargeld** verschiedener Währungen **getauscht** werden. Dollar und Euro werden auf jeden Fall von den Bankangestellten akzeptiert. Wer über einen der Grenzübergänge von Äthiopien ins Land kommt, kann an der Grenze Bargeld tauschen.

Ein Dschibuti Franc besteht aus 100 Centimes. Ein **Euro** entsprach im Oktober 2019 knapp **198 DJF**. Der DJF darf ins Land eingeführt und auch unbegrenzt aus dem Land ausgeführt werden. Da man ihn außerhalb von Dschibuti nicht gebrauchen und auch nur mühsam mit hohen Gebühren eintauschen kann, versuchen die meisten Reisenden, ihre DJF am Ende der Reise loszuwerden. Auch die **Ein- und Ausfuhr von Devisen** ist nicht beschränkt.

Günstige Hotelzimmer sind für 40-60 Euro zu haben. Mittelklassehotels verlangen zwischen 60 und 100 Euro für eine Nacht im Doppelzimmer. Ein Zimmer in einem der eleganteren Hotels kann um die 150 bis sogar 300 Euro kosten.

Ein Sandwich in einem Café kostet um die 4-5 Euro, ein Abendessen in einem landestypischen Restaurant etwa 15-20 Euro. In den feinen Restaurants der Hauptstadt kann man auch für 40 Euro zu Abend essen. Ein Wagen mit Fahrer kostet etwa 100 Euro pro Tag und für einen Ausflug zum Beobachten der Walhaie muss man mit etwa 60 Euro pro Person rechnen.

Der Dschibuti Francs ist in Münzen und Scheinen erhältlich. Es gibt **Münzen** zu 500, 100, 50, 20, 10, 5, 2 und 1 DJF, wobei die kleinsten kaum noch verwendet werden. **Scheine** gibt es zu 10.000, 5.000, 2.000 und 1.000 DJF. Um Geld zu wechseln, sollte man in Dschibuti Stadt in eine Bank oder eine der Wechselstuben gehen. Außerhalb der Hauptstadt ist es auch möglich, jemanden zu finden, der Geld zu einem akzeptablen Kurs wechseln kann. Außerhalb von Dschibuti Stadt gibt es kaum Geldautomaten. In hochpreisigen Restaurants und Hotels werden Visa-Karten oft akzeptiert. In kleinen Restaurants und Hotels ist Cash gefragt.

Trinkgelder

Es ist in Dschibuti nicht üblich, einem Taxifahrer ein Trinkgeld zu geben. Diese berechnen ohnehin einen leicht erhöhten Preis, wenn sie offensichtliche Touristen befördern.

Trinkgelder sind in Dschibuti eigentlich **nicht üblich**. Normalerweise werden Servicegebühren auf die Restaurantrechnung aufgeschlagen, so dass zusätzlich kein Trinkgeld mehr verlangt wird. **Fahrer** und **Reiseführer** freuen sich allerdings immer über **ein kleines Trinkgeld** (1-2 Euro pro Tag und Gast). Viele von ihnen sind auf diese Trinkgelder sogar angewiesen.

Öffnungszeiten

Nicht der Sonntag, sondern der **Freitag** ist im muslimischen Dschibuti der **Feiertag der Woche**. Die meisten Banken, Ämter und Geschäfte sind an Freitagen geschlossen. An allen anderen Wochentagen sind die Banken in der Stadt von 7:30 bis 12:30 und von 16:00 bis 18:00 Uhr geöffnet. Ämter haben von 8:00 bis 12:30 und von 16:00 bis 18:00 Uhr geöffnet. Die Öffnungszeiten von Geschäften sind üblicherweise zwischen 7:30 und 13:30 sowie von 16:00 bis 18:30 Uhr. Hier sind die Zeiten jedoch **sehr flexibel** und vor allem kleine Läden öffnen und schließen eigentlich, wann es ihnen gefällt. Restaurants servieren in der Regel Frühstück zwischen 6:30 und 10:00 Uhr, Mittagessen zwischen 11:30 und 14:30 Uhr und Abendessen von 18:30 bis 22:00 Uhr. Auch hier kommen die Öffnungszeiten stark auf die Laune der Besitzer an.

Diplomatische Vertretungen

Erst seit einigen Jahren gibt es eine deutsche Botschaft in Dschibuti:
Postadresse:
Ambassade de la République fédérale d'Allemagne,
B. P. 2082, Djibouti,
Djibouti

Telefon: +253 21 34 40 24
Fax: +253 21 34 24 79
Öffnungszeiten: Sonntag - Donnerstag von 7:30 Uhr bis 12:30 Uhr. (Oder nach Vereinbarung)

Österreichische Vertretung in Dschibuti:
Österreich unterhält lediglich ein Honorarkonsulat in Dschibuti Stadt. Zuständig für österreichische Bürger in Dschibuti ist die Botschaft in Addis Abeba.

Botschaft der Bundesrepublik Österreich in Addis Abeda
N. Silk Lafto Kifle Ketema Kebele 04 H.No. 535
Addis Abeba
Telefon: 00251 - (0)11 371 3144 oder 2445 oder 0052
Email: addis-abeba-ob@bmeia.gv.at
Internet: www.aussenministerium.at/addisabeba

Schweizer Vertretung in Dschibuti:

Auch die Schweiz verfügt in Dschibuti über keine Botschaft. Zuständig ist die Botschaft der Schweiz in Äthiopien.

Botschaft der Schweiz in Addis Abeba:
Old Airport
Lideta Kifle Ketema
Kebele 02/03
Addis Ababa, Ethiopia

Telefon: 00251 - (0)11 371 1107 oder 0577 oder 0483
Email: add.vertretung@eda.admin.ch
Internet: www.eda.admin.ch/addisabeba

Fotografieren

Das Fotografieren von Einheimischen **ohne deren Erlaubnis ist unbedingt zu vermeiden**, da in den islamischen Ländern das Abbild des Menschen traditionsgemäß ein Tabu ist. Viele Personen wünschen es nicht, fotografiert zu werden. Fragen Sie unbedingt vorher!
Es ist verboten, verschiedene öffentliche Gebäude und Infrastruktur wie zum Beispiel Brücken und Flughäfen zu fotografieren. Im Zweifelsfall sollte man immer den Reiseleiter fragen, ob es möglich ist, Fotos zu machen.

Maßeinheiten

In Dschibuti wird das **metrische System** benutzt, wie auch in Frankreich und im Rest von Europa.

Zollbestimmungen

Gegenstände des täglichen Bedarfs so auch Foto-
apparate und Computer sowie Bücher und Zeit-
schriften, können problemlos eingeführt werden,
die Einfuhr von Alkohol ist auf einem Liter pro
Person beschränkt. Es dürfen pro Person 200 Ziga-
retten oder 250 Gramm Tabak mitgebracht werden
sowie eine Flasche Parfum.
Devisen dürfen unbeschränkt eingeführt werden.
Die Einfuhr von Waffen und Drogen aller Art ist
streng verboten. Pornographisches Material darf
ebenfalls nicht nach Dschibuti eingeführt werden.
Bei der Rückreise gelten die Einfuhrbestimmun-
gen der Europäischen Union.

Sprachführer

Französisch:

Hallo	- Salut
Guten Tag / Morgen	- Bonjour
Auf Wiedersehen	- Au revoir
Danke	- Merci
Bitte (gern geschehen)	- De rien
Bitte	- S'il vous plaît
Ja	- Oui
Nein	- Non
Prost	- A votre santé!
Entschuldigung	- Pardon
Ich bin einverstanden	- Je suis d'accord.

Hilfe	- Au secours!
Toilette	- Les toilettes
Ich heiße ...	- Je m'appelle...
Wie heißen Sie?	- Vous vous appelez comment?
Ich hätte gerne ...	- Je voudrais...
Was kostet ...?	- Combien coûte...?
Die Rechnung bitte	- L'addition s'il vous plaît!
Ich spreche kein Französisch.	- Je ne parle pas français.
Der Eingang	- L'entrée
Der Ausgang	- La sortie
Der Markt	- Le marché
Das Museum	- Le musée
Die Post	- La poste

Der Bahnhof	- La gare
Die Stadt	- La ville
Wieviel Uhr ist es?	- Il est quelle heure ?
Ich bin krank	- Je suis malade.
Ich habe Kopfweh	- J'ai mal à la tête.
Malaria	- Le paludisme
Sonnenbrand	- Le coup de soleil
Wo ist die Bank?	- Où est la banque ?
Wo ist die Apotheke	- Où est la pharmacie ?
Ich möchte Geld tauschen.	- J'aimerais changer de la monnaie.

Zahlen:

Eins	- Un
Zwei	- Deux
Drei	- Trois
Vier	- Quatre
Fünf	- Cinq
Sechs	- Six
Sieben	- Sept
Acht	- Huit
Neun	- Neuf
Zehn	- Dix
Elf	- Onze
Zwölf	- Douze
Dreizehn	- Treize
Vierzehn	- Quatorze
Fünfzehn	- Quinze
Sechzehn	- Seize

Siebzehn	- Dix-sept
Zwanzig	- Vingt
Dreißig	- Trente
Hundert	- Cent
Tausend	- Mille

Wochentage:

Montag	- Lundi
Dienstag	- Mardi
Mittwoch	- Mercredi
Donnerstag	- Jeudi
Freitag	- Vendredi
Samstag	- Samedi
Sonntag	- Dimanche

Im Restaurant:

Reis	- Le riz
Fleisch	- La viande
Huhn	- Le poulet
Rind	- Le boeuf
Ziege	- La chèvre
Gemüse	- Les légumes
Kartoffeln	- Les pommes de terre
Obst	- Les fruits
Fisch	- Le poisson
Bier	- La bière
Wein (rot/weiß)	- Le vin (rouge/blanc)
Saft	- Le jus
Wasser	- L'eau

Register

Kamelkarawane am Lac Abbé

Impressum
ISBN: 9783750412965
© 2019: Beatrice Sonntag
Illustrationen und Bilder: Dagmar Schirra
Herstellung und Verlag: BoD – Books on Demand, Norderstedt

Frau holt Wasser